Du même auteur

Un barbier riche, Éditions du Trécarré, 1993, 2008.

Le retour du barbier riche

DAVID CHILTON

Le retour du
barbier
riche

Visiblement plus
vieux et légèrement
plus sage, Dave Chilton
offre son point de vue
sur le monde de l'argent.

Traduit de l'anglais (Canada)
par Annie Ouellet

Les Éditions
LOGIQUES
Une société de Québecor Média

Titre original : *The Wealthy Barber Returns*
Traduction : Annie Ouellet
Édition : Nadine Lauzon
Révision linguistique : Sophie Sainte-Marie
Grille graphique intérieure : Axel Pérez de León
Couverture et mise en pages : Clémence Beaudoin
Photo de l'auteur : Mike Rao

L'édition originale de cet ouvrage a paru en 2011 chez Financial Awareness Corporation. Tous droits réservés.
© 2011, David Chilton
© 2012, Les Éditions Logiques, pour la traduction française

Les Éditions Logiques
Groupe Librex inc.
Une société de Québecor Média
La Tourelle
1055, boul. René-Lévesque Est
Bureau 800
Montréal (Québec) H2L 4S5
Tél. : 514 849-5259
Téléc. : 514 849-1388
www.edlogiques.com

ISBN : 978-2-89644-018-4

SOMMAIRE

INTRODUCTION

Jusqu'à tout récemment, j'ai cru que je ne pourrais plus jamais écrire un nouveau livre sur les finances personnelles. La chance a joué un rôle tellement important dans le succès d'*Un barbier riche* que je ne voulais pas tenter le sort.

Alors qu'est-ce qui m'a fait changer d'idée ?

La frustration.

En voyant le taux d'épargne des Canadiens plonger, leur taux d'endettement monter en flèche et les revenus d'investissement être si décevants ces dix dernières années, je m'arrachais les cheveux. Je me suis demandé comment je pouvais aider.

J'espère que *Le Retour du barbier riche* permettra de répondre à cette question.

Même s'il n'emprunte pas la même forme romancée que mon premier livre (oui, c'est une utilisation très généreuse du mot «romancée»), il est tout de même un livre de planification financière atypique.

Il n'y a pas de listes à remplir, ni de graphiques et à peu près aucun tableau. En plus, on n'y parle pas beaucoup de mathématiques.

Principalement, il n'y a que moi qui bavarde sur le monde de l'argent. C'est presque comme si j'étais chez vous dans votre salon, mais en mieux parce que, eh bien, vous n'aurez pas à me servir de café.

Je suis prêt à admettre que le contenu du *Retour du barbier riche* n'est pas exhaustif. Ni mes connaissances, ni les quelque deux cents pages de ce livre ne suffiraient.

Et surtout, n'allez pas croire qu'il s'agit de la manière définitive de gérer vos finances. (Malheureusement, cela n'existe pas.) En fait, vous ne serez certainement pas d'accord avec toutes mes opinions, et je suis d'ailleurs convaincu que plusieurs personnes dans l'industrie ne le seront pas non plus.

Je suis cependant confiant que ce qui suit va vous permettre d'épargner, de dépenser, d'emprunter et d'investir différemment et surtout plus sagement.

D'une certaine façon, j'écris ce livre depuis plus de vingt ans. J'espère que vous l'apprécierez et qu'il vous sera utile.

Dans le cas contraire, je vous demande quand même de le recommander à vos amis.

Dave

P.-S. Oui, je sais, *Le Retour du barbier riche* n'est pas le titre le plus imaginatif. Ma fille m'a d'ailleurs demandé : «Ce sera quoi, après? *Le Barbier riche à Hawaii*? Tu as décidé de copier la saga d'*Anne, la maison aux pignons verts*?» J'ai fermé son REEE.

APERÇU SUR L'ÉPARGNE, LES DÉPENSES ET LES EMPRUNTS

UNE VÉRITÉ DOULOUREUSE
ET SES RETOMBÉES POSITIVES

Je déteste avoir à commencer avec la dure réalité, mais la voici.

À moins d'être né dans une famille riche ou de vous marier avec une personne bien nantie (deux très bonnes stratégies, soit dit en passant), vous allez devoir apprendre à dépenser moins que ce que vous gagnez.

Non, ce n'est pas une grande révélation et, oui, vous l'avez certainement entendu un millier de fois, mais, malheureusement, elle n'est pas moins vraie. Je ne m'excuse jamais de commencer par ce premier conseil tout simple parce que : 1) c'est la clé de la planification financière ; et 2) en dehors du fait que c'est banal et évident, il semble clair que cette réalité n'est pas parvenu à s'imposer à l'esprit de la majorité des Canadiens. Il est inquiétant de voir combien d'entre nous n'épargnent pas suffisamment pour financer leurs objectifs futurs, notamment leur retraite.

Malgré cela, restons positifs. Oui, nous avons de la difficulté à épargner de l'argent, mais nous sommes fantastiques pour le dépenser. Alors plutôt que de nous lamenter sur notre incapacité à épargner, célébrons notre incroyable habileté à dépenser !

En macroéconomie (n'ayez crainte, cela ne vous fera aucun mal), on utilise cette formule :

$$RD = C + E \quad \text{où} \quad \begin{array}{l} \text{RD : revenu disponible} \\ \text{C : consommation} \\ \quad \text{(un joli mot qui veut dire « dépenses »)} \\ \text{E : épargne} \end{array}$$

En d'autres mots, chaque dollar après impôts que nous recevons peut être dépensé ou épargné. Devinez quelle option nous choisissons encore et encore ? Bingo ! Pour la plupart des Canadiens, la formule ressemblerait plutôt à celle-ci :

$$RD = C \quad \text{où} \quad \text{E a complètement disparu.}$$

En un mot, on adore C ! C est agréable. E est mortellement ennuyeuse. C, c'est vivre le moment présent. E, c'est penser aux temps plus difficiles. C, c'est une télé haute définition, une journée au spa et du bon vin. E, c'est de la discipline, des désirs inassouvis et des gratifications remises à plus tard.

Bref, C, c'est *carpe diem*, et E, c'est l'ennui.

Pourquoi choisissons-nous C ? La question serait plutôt : pourquoi pas ?

Longue vie à C ! Mort à E !

Il y a cependant un problème avec cette attitude courante et bien compréhensible.

Elle est illogique. Souvenez-vous que, plus tard dans notre vie, nous allons tous cesser de travailler. Notre RD (revenu disponible, rappelez-vous) ne proviendra plus de notre revenu d'emploi, mais de nos E.

« Aucune E » veut alors dire « aucun RD ». Aucun RD, aucune C. Aucune C... Eh bien, n'y pensons même pas.

Peut-être qu'un peu de E n'est pas si mal, après tout ! E peut vouloir dire ennui pendant notre vie active, mais à la retraite notre épargne constituera notre ultime planche de salut.

Vous voyez, l'équation RD = C + E donne la fausse impression que C et E, consommation et épargne, sont des compétitrices s'arrachant les RD. Peut-être que, dans notre société axée sur la consommation, elles le sont, mais, en réalité, elles devraient être des partenaires s'efforçant de diviser le RD de façon à pouvoir profiter de la vie maintenant tout en conservant C à un haut niveau, mais aussi de financer E afin de maintenir un niveau de vie confortable plus tard.

Comme c'est souvent le cas, c'est une question d'équilibre. Et la bonne nouvelle ? Trouver le bon équilibre nécessite rarement un changement de style de vie drastique.

Honnêtement.

Supposons que vous épargnez actuellement 4 % de votre revenu disponible (RD).

Alors avec notre formule RD = C + E, nous aurions :

$$1,00\$ \quad = \quad 0,96\$ + 0,04\$$$

(De chaque dollar après impôts que vous recevez, vous dépensez 96 cents et vous épargnez 4 cents.)

D'ennuyants conseillers financiers vous expliqueront que d'après vos projets, revenus de retraite, âge, etc. vous devriez hausser votre taux d'épargne à au moins 10 %.

« Impossible ! me direz-vous, j'arrive à peine à épargner 4 %. Je ne pourrai jamais épargner deux fois et demie plus. Doubler notre épargne ? Pas capable !

— Vous avez raison, répondent les conseillers financiers. Oublions cette idée et examinons vos dépenses. Plutôt que d'essayer d'augmenter drastiquement votre taux d'épargne, un but apparemment impossible à atteindre, pensez-vous que vous pourriez commencer par diminuer vos dépenses de 6,25 % ?

— Oui, ça me semble plus raisonnable », concédez-vous.

Eh bien, comme vous le savez déjà :

RD = C + E

Votre nouvelle équation sera alors :

1,00 $ = 0,90 $ + 0,10 $

Comment en suis-je arrivé là ? Eh bien, 90 cents, c'est 6,25 % de moins que 96 cents (6 ÷ 96 = 0,0625 = 6,25 %).

Étonnamment, vous avez augmenté votre taux d'épargne de 150 % simplement en réduisant vos dépenses de 6,25 %.

C'est un miracle ! (OK, j'exagère un peu, mais vous devez admettre que c'est cool.)

Il y a donc de mauvaises et de bonnes nouvelles. La mauvaise, c'est que vous devez épargner ; je suis désolé, mais vous devez apprendre à vivre selon vos moyens. La bonne, c'est qu'une petite réduction de vos dépenses peut drastiquement augmenter votre taux d'épargne. Vous n'avez pas besoin de devenir avare et austère. Vous n'avez qu'à faire preuve d'un peu de discipline et de gros bon sens.

Vous vous demandez probablement : « Si c'est si facile, pourquoi n'y a-t-il pas plus de gens qui réussissent à épargner ? Pourquoi ne sommes-nous pas tous capables de réduire légèrement nos dépenses ? »

Une réponse directe ? Un peu de discipline et de gros bon sens, c'est déjà un peu trop pour beaucoup d'entre nous.

VOS ADVERSAIRES

Une des meilleures raisons expliquant la difficulté à épargner, c'est que personne ne veut que vous le fassiez.

C'est vrai. À peu près tout le monde souhaite que vous dépensiez le plus possible.

Vos enfants, si vous en avez, sont constamment en train de vous demander la dernière nouveauté ou le meilleur modèle. Ils sont implacables, mignons et rompus à l'art de la manipulation, une combinaison très puissante.

Vos amis sont toujours en train de vous suggérer de les accompagner au restaurant, de vous encourager à vous procurer le dernier jouet qu'ils viennent eux-mêmes de s'offrir ou de vous inviter à leur mariage à Punta Cana. (Vous souvenez-vous quand tout le monde faisait sa réception à la salle des Chevaliers de Colomb ?)

Votre courtier immobilier croit que vous devriez augmenter légèrement votre budget pour l'achat de votre future propriété :

«Oui, c'est plus grand que ce dont vous avez besoin, mais je suis certain que vous allez l'occuper. De plus, il s'agit d'une occasion qui ne se représentera peut-être jamais. Je ne comprends pas pourquoi le courtier du vendeur l'a mise en vente à un prix aussi bas!»

Les banquiers. Eh bien, plus vous dépensez, plus ils peuvent vous prêter. Et prêter, c'est leur raison d'être.

Tout gouvernement qui souhaite se faire réélire (c'est toujours sa priorité) promet une économie forte, et ce qui sert à la mesurer, le produit intérieur brut (PIB), est déterminé par les dépenses des ménages. Une augmentation du taux d'épargne terrifierait n'importe quel parti au pouvoir.

Quand les économies des pays développés se sont effondrées récemment en raison d'un endettement excessif, les gouvernements ont réagi en diminuant les taux d'intérêt et en offrant des incitatifs pour nous faire emprunter et dépenser davantage. C'est un peu comme envoyer un alcoolique qui commence un programme de désintoxication faire la tournée des bars.

Détaillants de vêtements, restaurateurs, vendeurs de voitures, propriétaires de magasins de meubles, gestionnaires de spas, employés de clubs-entrepôts, administrateurs de l'industrie du divertissement, bureaux du tourisme : ils sont tous, pour de bonnes raisons, des meneuses de claques nous incitant à nous départir de notre argent durement gagné. Et, franchement, notre mentalité axée sur la satisfaction de nos désirs immédiats ne nous aide pas beaucoup à résister. «Je le mérite bien» est devenu le mantra de quantité de personnes.

En un mot, quand vient le temps d'épargner, vous n'avez aucun groupe de soutien. Il n'y a que trois personnes qui souhaitent vraiment que vous mettiez de l'argent de côté : votre futur vous, votre conseiller financier et moi.

Avec tous ces gens qui conspirent contre vous, dépenser moins ne sera pas facile. Vous trouverez des personnes pour vous mettre des bâtons dans les roues à toutes les étapes. Et celle qui vous donnera le plus de fil à retordre sera vous-même.

La bonne nouvelle, malgré tout, c'est qu'il est toujours possible de vivre selon ses moyens. Vous pouvez apprendre beaucoup de ceux qui le font déjà, et peut-être plus encore de ceux qui ne le font pas.

CONSUMÉ PAR LA CONSOMMATION

Évidemment, il y a certains besoins de base que nous avons tous en commun : abri, nourriture, vêtements sont les trois principaux.

Naturellement, dans une économie développée comme celle du Canada, nos désirs dépassent de loin la satisfaction de ces besoins de base.

C'est naturel et même sain. Notre quête pour une vie meilleure, notamment l'acquisition de biens matériels et les expériences qu'elle implique, est une partie de ce qui nous motive à travailler fort, à innover, à courir des risques, à développer nos talents et à les mettre à profit.

De plus, quel est le but de la croissance économique, de façon individuelle ou collective, si ce n'est d'en profiter ?

Je comprends cela. J'ai un spa. Et je l'adore. Vraiment.

Malgré tout, je pense que nous pouvons tous être d'accord sur le fait que nous sommes allés un peu trop loin (en réalité, *beaucoup* trop loin) dans notre quête du bien-être matériel.

Rien n'est jamais suffisant. Nous voulons toujours plus. Et quand nous l'obtenons, nous voulons autre chose encore. Nous voulons ce que nous voyons à la télévision. Nous voulons ce que nos amis possèdent. Nous voulons ce que les riches possèdent. Nous voulons même ce que nous possédons déjà, mais en nouveau, en plus beau, en plus gros.

Nous voulons les choses avec une émotion si intense que nous sommes capables de nous convaincre que nos désirs ne sont pas des besoins, mais plutôt des composantes de notre bonheur futur.

Pourtant, rien n'est plus loin de la vérité.

En réalité, tous nos biens matériels nous épuisent. Et notre quête du «toujours plus» nous distrait de ce qui est vraiment important dans la vie. Non, je n'ai pas un «Oprah moment». Je crois sincèrement que notre poursuite sans fin du bien-être matériel sabote non seulement notre avenir financier, mais a aussi un impact négatif sur notre bien-être psychologique actuel.

Le brillant philosophe Bertrand Russell a déjà écrit: «C'est l'obsession pour les biens, plus que toute autre chose, qui nous empêche de vivre librement et noblement.»

Je n'aurais pas pu mieux le dire, et c'est la raison pour laquelle, bien sûr, je l'ai cité. Un des préjugés les plus nuisibles en finance personnelle est que l'épargne requiert des sacrifices qui diminuent la joie de vivre. Étonnamment, c'est le contraire! Les gens qui vivent selon leurs moyens ont tendance à être plus heureux et moins stressés. Ce n'est pas seulement vrai pour les raisons les plus évidentes – ils savent que leur avenir financier sera brillant –, mais aussi parce qu'ils ne sont pas consumés par la consommation. Ils ne sont psychologiquement et financièrement pas drainés par la course à l'acquisition de biens matériels supplémentaires. Une course qui, notez-le, n'a aucune ligne d'arrivée ni vainqueur.

Trop de gens sont possédés par leurs possessions. Sénèque l'a dit il y a deux mille ans: «Ils ont des richesses comme on dit que nous avons de la fièvre, quand c'est elle qui nous tient.»

MISE À JOUR DU STATUT

Le mot « statut » a une racine latine. (À propos, mon père lit le latin. C'est cool, non ? « Inutile », me direz-vous, mais cool quand même.) Il provient du mot latin *statum* qui veut dire état, position, situation, non seulement au sens physique, mais aussi au sens de rang dans la société. En d'autres mots, le statut est le reflet de l'importance que nous accordent les autres.

Pour la plupart d'entre nous, le statut est important. Presque tout le monde se préoccupe de ce que les autres pensent de lui. Les psychologues déplorent cette situation depuis longtemps et nous rappellent combien il peut être malsain de laisser la perception que les autres ont de nous déterminer notre estime de soi.

Je suis tout à fait d'accord avec eux.

Cela dit, avec le statut viennent les flatteries, les opportunités sociales, le respect de nos opinions et l'attention, toutes des choses horribles. Un meilleur statut ? Oui, merci.

D'un point de vue financier, le problème n'est pas tant notre recherche de statut – c'est la nature humaine – que la façon dont celui-ci est déterminé. Trop souvent, la société accorde de l'importance à des statuts selon une vision très étroite du succès. Cette vision ne porte pas suffisamment attention à la vie familiale, à l'engagement dans la communauté et aux relations interpersonnelles. Nous valorisons uniquement l'apparence de richesse.

Quand vous entendez dire que «Jean a réussi», à quoi pensez-vous immédiatement? Qu'il est un père extraordinaire? Qu'il mène une vie équilibrée? Que c'est un homme avec une belle personnalité? Bien sûr que non. Nous pensons tous la même chose: «Wow! Jean fait beaucoup d'argent!»

Même les parents, inconsciemment je l'espère, se rendent souvent coupables de limiter leur vision de la réussite au seul succès financier. La plupart du temps, quand je demande à quelqu'un comment vont ses enfants, je reçois des réponses du genre: «Marie a réussi, elle est dentiste, *mais* Fred est devenu mécanicien.» Peut-être que ses parents sont déçus parce que Fred n'est pas un bon mécanicien, mais je crois plutôt qu'ils laissent le revenu que gagnent leurs enfants déterminer leur définition du succès.

Le pire, c'est que nous commettons souvent des erreurs dans notre évaluation de la richesse des autres. Nous déterminons la réussite financière non par la valeur nette (ce qui est déjà mauvais en soi et surtout très difficile à établir), mais par leurs biens matériels.

Est-il alors surprenant que la consommation règne?

Nous effectuons la plupart de nos achats en fonction de l'impact que ceux-ci auront sur les autres, que nous le réalisions ou non. De la grosseur de notre maison, aux logos qu'il y a sur nos vêtements en passant par la marque de notre voiture, nous tentons d'exprimer ce que nous sommes, mais essentiellement que nous le valons bien: «Regarde ce que je possède, je le mérite.»

Ben Franklin l'a exprimé le mieux: «Ce sont les yeux d'autrui qui nous ruinent. Si tout le monde était aveugle, excepté moi, je n'aurais besoin ni de beaux habits, ni de belles maisons, ni de beaux meubles.»

Geoffrey Miller, l'un des principaux experts en psychologie évolutionniste, évalue la situation un peu plus directement : «Les consommateurs modernes en particulier aspirent à être des auto-promoteurs et alimentent l'hyperbole des autres en démontrant à quel point ils sont en santé, intelligents et populaires par les produits et services qu'ils utilisent.»

Peu de choses dans la vie ont plus de valeur que l'estime de soi. Malgré cela, nous laissons souvent l'opinion que les autres ont de nous la déterminer. Ensuite, nous dépensons des fortunes pour la retrouver.

Aussi superficiel et financièrement dangereux cela soit-il, comme je l'ai écrit plus haut, c'est très compréhensible. Tromper notre système biologique, tenter de juguler la pression sociale et modifier profondément nos habitudes n'est pas facile. Alain de Botton, dans son merveilleux livre *Status Anxiety,* conclut : «La façon la plus profitable d'aborder la situation est d'essayer de la comprendre et d'en discuter.»

À propos, si vous n'avez pas aimé ce chapitre, ne m'en parlez pas, je vous prie. La critique pourrait me pousser à acheter quelque chose de cher.

CONNEXION DÉFICIENTE

Après une conférence, il y a quelques années, une jeune femme est venue me trouver pour me parler de ses difficultés à épargner. «Je suis très bonne pour éviter d'éviter de satisfaire mes moindres désirs», m'a-t-elle expliqué avec un sourire. Nous pouvons tous la comprendre. La tentation est… très tentante.

Une collaboration récente entre des neuroscientifiques (des gens très intelligents qui étudient nos cerveaux) et des économistes (des personnes ennuyeuses qui étudient notre économie) ont mis au jour les raisons pour lesquelles nous prenons si souvent des décisions qui vont à l'encontre de nos objectifs à long terme.

Les «neuroéconomistes» soutiennent que notre cerveau a, d'une certaine façon, deux esprits. L'un qui inclut le cortex préfrontal, le lobe pariétal et les lobes temporaux. Ce sont les parties du cerveau qui nous aident à raisonner de façon logique et à planifier. Toutes ces parties du cerveau sont beaucoup plus grosses chez l'humain que chez tout autre animal (oui, y compris votre beau-frère). Les neuroscientifiques ont conclu qu'elles étaient les dernières parties de notre cerveau à avoir évolué. Les experts utilisent quelquefois le mot « exécutif » pour décrire cette partie du cerveau parce qu'elle est responsable des décisions calmes et raisonnables.

Derrière l'exécutif se situe ce qui est connu comme notre « lézard », la partie la plus vieille de notre cerveau, datant de l'époque où nous étions, supposément, des reptiles. Cette partie inclut le système limbique, l'insula, le striatum et l'amygdale, choses dont je n'avais jamais entendu parler jusqu'à ce que, en scribe financier consciencieux, je lise de nombreuses études sur la façon dont nos connexions neurales affectent notre processus de décision. Notre cerveau reptilien réagit aux émotions, à nos besoins immédiats et à nos désirs. Il évite la souffrance et recherche le plaisir. Notre lézard semble vraiment plus intéressant que notre exécutif.

Évidemment, je simplifie grandement la manière dont notre cerveau fonctionne, ce que nous commençons à peine à comprendre grâce à la technologie. Néanmoins, vu mon objectif, cette description et ces surnoms seront amplement suffisants.

Grâce à l'imagerie par résonance magnétique (IRM), les neuroscientifiques ont récemment découvert la preuve qu'« éviter d'éviter de satisfaire ses désirs » est biologiquement très naturel. Quand on peut voir quelle partie de notre cerveau s'active quand nous devons choisir entre une récompense immédiate ou future, comme choisir entre consommer et épargner, on peut mieux comprendre notre processus de décision.

Dans la plupart des recherches, les résultats sont similaires. Chacune des récompenses, immédiate ou future, crée de l'activité dans notre cortex préfrontal (notre exécutif), mais les récompenses immédiates provoquent aussi une importante activité dans notre système limbique. Elles réveillent notre lézard !

Souvenez-vous, notre cerveau reptilien émotif réagit aux plaisirs immédiats.

Oh, oh !

D'après les neuroscientifiques, nous pouvons blâmer nos ancêtres préhistoriques. Leurs cerveaux se sont développés pour faire face à des défis d'une autre époque, comme échapper à un tigre à dents de sabre ou à un prétendant armé d'un bâton. Les désirs et les menaces immédiats dominaient chacune de leurs pensées. Devoir cotiser à leur REER les tracassait rarement.

Le problème, c'est que cet «équipement» parfait pour cette époque révolue n'est pas adapté aux subtilités de notre vie moderne. Bien sûr, l'évolution nous a permis de développer notre capacité à traiter l'information et à raisonner : notre exécutif a bien mûri. Malheureusement, des millions d'années plus tard, lorsque nous faisons face à une tentation qu'il est possible de satisfaire dans l'immédiat, nos décisions font souvent écho à ces hommes et femmes des cavernes : «Veux ça! Maintenant!» Notre cerveau est connecté d'une façon telle que, si une stimulation émotionnelle créée par une tentation est assez puissante, peu importe qu'il s'agisse de reprendre une deuxième part de gâteau ou d'acheter le dernier gadget électronique, il peut écraser notre bon sens et contrecarrer notre plan le plus élaboré.

L'autoévaluation d'Oscar Wilde «Je peux résister à tout, sauf à la tentation» nous vient alors en tête.

Peut-être que la meilleure solution, comme le proposent les neuroéconomistes (et toutes les grands-mamans), n'est pas de tenter de résister aux tentations, mais tout simplement de les éviter. Ils recommandent, surtout si nous sommes prédisposés à céder à une forme de tentation particulière, d'en rester suffisamment loin pour ne pas éveiller nos sens à son contact. Une fois que notre vue, notre odorat et notre toucher détectent l'objet désiré, les recherches formelles et nos échecs nous démontrent que rien ne va plus. Nos neurones dopaminergiques s'excitent et notre lézard s'enflamme, parfois sérieusement.

Je peux comprendre. Je suis discipliné et je mange sainement, mais si je me retrouve devant un A&W dans l'aire de restauration d'un centre commercial, je perds les pédales. L'eau qui perle sur les verres de Root Beer… L'odeur du bacon et des frites… Même les uniformes orange et brun… C'est trop pour moi. Deux Teen Burgers plus tard, je me demande ce qui vient de m'arriver.

Depuis très longtemps, Greta Podleski (une des deux sœurs qui ont écrit le livre de cuisine *Looneyspoons*) combattait une dépendance à l'achat de vêtements. Elle n'avait aucune maîtrise d'elle-même, mais elle avait un tas de beaux vêtements ! Puis, soudainement, elle est parvenue à maîtriser ses pulsions vestimentaires.

« Comment avez-vous réussi ? lui ai-je demandé, stupéfait.

— J'ai arrêté d'aller magasiner », m'a-t-elle répondu simplement.

J'ai toujours dit que les meilleures stratégies financières étaient les plus simples. Curieusement, quand je lui ai suggéré d'appliquer la même tactique à son obsession pour les chaussures, elle m'a répondu de me mêler de mes affaires et a continué à agir selon son principe : « Si les chaussures te vont, achète-les. »

Même si je suis d'accord avec les neuroéconomistes (et Greta) qui conseillent d'éviter les tentations, soyons honnêtes, ce n'est pas toujours facile. Nous sommes tous forcés de magasiner de temps à autre. Il y a tellement de produits incroyables, et c'est si agréable de les regarder. De plus, les spécialistes de la commercialisation et les designers de magasins lisent, eux aussi, les dernières recherches sur le cerveau. Leurs esprits sournois sont constamment en train d'imaginer des façons ingénieuses de solliciter notre attention et d'alimenter notre lézard.

Nous ne sommes pas équipés pour résister à la tentation. Nous le savons. Éviter les tentations n'est pas toujours possible. Nous le savons aussi. Que nous reste-t-il ? C'est simple, éliminons les possibilités de céder à la tentation. C'est la clé !

Il y a une dizaine d'années, j'ai entendu une femme en entrevue à la radio américaine. Elle a expliqué qu'elle conservait sa carte de crédit dans un gros bloc de glace dans son congélateur. Quand elle tombait sur un article dont elle « ne pouvait absolument pas se passer », elle revenait à la maison et décongelait sa carte, un processus qui lui prenait presque toute la journée. Évidemment, une fois la carte fondue, elle s'était calmée et son exécutif avait repris le dessus. Dans presque tous les cas, elle avait alors constaté qu'elle n'avait finalement plus envie du produit ou qu'elle n'en avait pas besoin. L'animateur de l'émission, un planificateur financier, a trouvé cette manière de procéder un peu farfelue.

Je crois que c'est brillant. Je suis stupéfait que si peu de gens se contraignent à un peu de discipline en limitant leur accès à leur argent ou à leur crédit. Sérieusement, ne croyez-vous pas que la soudaine popularité des guichets automatiques a quelque chose à voir dans le déclin de notre taux d'épargne ? Il est maintenant si facile de trop dépenser. Pour céder à n'importe quelle tentation, il ne suffit plus que de sortir sa carte et d'appuyer sur OK de façon machinale. Au lieu de voir dans notre portefeuille un montant limité, la discipline ultime, nous y voyons un montant virtuel illimité. Pourquoi plusieurs Canadiens de la classe moyenne se promènent-ils avec plusieurs cartes de crédit dont la limite est de 15 000 $ à 25 000 $ dans leur portefeuille ? C'est une invitation au désastre. (Et, s'il vous plaît, ne me répondez pas que c'est pour accumuler des points : les voyages que vous vous « payez » grâce à ces points sont comme ces chambres d'hôtel « gratuites » que l'on offre aux gros joueurs à Las Vegas.)

À propos, avant de conclure que je suis aussi farfelu que la femme à la carte de glace, vous devriez savoir que les neuroéconomistes (géniaux) sont de votre côté. Ils vous encouragent à « introduire du temps entre le stimulus et la réponse », à l'instar de Stephen R. Covey dans son livre *Les Sept Habitudes des gens efficaces*. Et la meilleure façon de le faire ? Arrangez-vous pour que l'accès à votre argent ou à votre crédit soit difficile, bien sûr. Ils ne vous conseillent pas de « geler » vos dépenses, mais de laisser vos cartes de débit et de crédit à la maison à l'occasion, si ce n'est régulièrement. En fait, ils proposent de diminuer le nombre de vos cartes de crédit à deux. Une que vous conserverez à la maison, avec la limite la plus haute pour les moments où vous en avez réellement besoin, comme pour réserver un vol. L'autre, avec une plus petite limite, que vous garderez dans votre portefeuille pour une utilisation conventionnelle de tous les jours. (Et, s'il vous plaît, ne prenez pas l'expression « de tous les jours » au pied de la lettre !)

Peut-être un jour pourrons-nous tous ressembler à Spock et parvenir à maîtriser nos émotions. Nous trouverons bien une façon de dresser notre lézard. Jusque-là, souhaitons que les scientifiques conçoivent une petite pilule bleue pour nous guérir de notre dysfonction reptilienne.

UNE AMOURETTE

Même quand nos émotions ne submergent pas notre raison, elles peuvent tout de même réussir à nous faire prendre de mauvaises décisions.

Imaginez-vous sur la terrasse d'un bar lors d'une chaude journée d'été. Vous mourez d'envie de boire une bière glacée et êtes heureux de vous départir des 6 $ qu'elle vous coûtera. Votre serveur vous informe que le prix de votre bière favorite est réduit à 4 $.

Vous, qui êtes une personne normale (j'imagine), diriez probablement : « Hé ! C'est fantastique ! Combien sont les ailes de poulet ? »

Un économiste, par ailleurs, répondrait probablement : « Hum… Un surplus du consommateur de 2 $, très intéressant. » Il ne faut pas s'étonner que si peu d'économistes brillent en société.

L'expression « surplus du consommateur », en microéconomie, signifie la différence entre le prix qu'un consommateur est prêt à payer pour un bien et le prix réel qu'il déboursera pour l'acquérir (en d'autres mots, son coût). Plus grand est le surplus du consommateur, meilleure est l'affaire. Et nous adorons faire des bonnes affaires ! Rien de tout cela n'est très profond, je vous le concède, mais laissez-moi poursuivre mon raisonnement.

Le prix que nous sommes prêts à payer est basé sur notre évaluation de ce que le produit peut nous apporter. Pour quelque chose que nous allons consommer immédiatement, l'évaluation est assez facile. Un paquet de mes bonbons préférés au dépanneur coûte environ 1,50 $. Je sais par expérience que j'en aurai pour une valeur de 5 $ de plaisir à les manger. Ils sont naturels, mes papilles gustatives dansent, je suis heureux et j'ai 3,50 $ de surplus du consommateur dans mes poches. La décision se prend aisément.

Le problème survient quand nous devons évaluer le prix que nous sommes prêts à payer pour un produit que nous allons utiliser longtemps, comme une nouvelle voiture. Les premiers mois, la qualité des moments que vous passez à la regarder et à la conduire vous rapportera beaucoup d'« unités de plaisir ». Cependant, serez-vous aussi excité, trois ans plus tard, quand votre voiture montrera des signes d'usure ? Probablement pas.

Plus notre exposition au produit est longue, moins nous sommes charmés. C'est la nature humaine. La répétition tue l'émerveillement, chaque utilisation de nos biens produit moins de plaisir que la précédente. Les économistes appellent cela la « décroissance de l'utilité marginale ». Les psychologues, l'« accoutumance ». Les femmes mariées, « mon mari ».

Les consommateurs, miraculeusement, ne lui donnent aucun nom. En fait, nous ne pensons aucunement à la décroissance de l'utilité marginale quand nous décidons de faire un achat. En dépit des milliers d'expériences personnelles qui nous prouvent le contraire, nous supposons que notre bonheur ne décroîtra jamais. Que le produit nous apportera toujours la même fierté et le même plaisir qu'au moment où nous en avons fait l'acquisition. Les recherches des neuroéconomistes suggèrent que cette anticipation irréaliste et imparfaite se produit parce que, lorsque nos émotions sont impliquées, nos connexions nous amènent à projeter nos sentiments présents dans l'avenir. Notre exécutif est réduit au silence.

Essentiellement, c'est une amourette et, comme sa contrepartie amoureuse, elle se dissipe aussi. Au moment de l'achat, la passion est à son comble, et la logique fout le camp. Nous projetons notre excitation dans le futur et, du même coup, surestimons le plaisir que cet achat nous apportera. Le prix que nous sommes prêts à payer est alors trop élevé, créant dans notre esprit de bonnes affaires qui ne se matérialiseront jamais.

Soyons honnêtes, qui n'a pas acheté un produit sur un coup de tête, pour se demander pourquoi quelques mois plus tard? Si vous en doutez, je n'ai qu'un mot: «exerciseur».

Lord Byron a bien illustré cela: «Le joli jouet si férocement convoité perd tout son charme lorsqu'il nous est acquis.» En poète du XIXe siècle, il parlait vraisemblablement des femmes et non d'une machine à espresso ou d'un *sand wedge*. (À propos, je ne suis pas un expert en relations matrimoniales, mais faire référence aux femmes en utilisant les mots «jouet» et «acquis» a probablement beaucoup à voir avec le fait que le charme pouvait disparaître.)

Alors la prochaine fois que vous serez tenté de faire un achat majeur, spécialement un achat impulsif, reprenez-vous et demandez-vous si dans un an ou deux vous serez aussi excité par ce produit que vous l'êtes en ce moment.

Si vous êtes comme la plupart des gens, vous répondrez certainement: «Absolument!»

Bon, j'aurai au moins essayé.

CHOISISSEZ SOIGNEUSEMENT VOS AMIS

Dans la vie, tout est relatif. Je suis petit si je me compare à Mario Lemieux, mais grand devant ma fille. Je suis vieux comparé à un bébé, mais jeune vis-à-vis de mon père. Je suis un cancre par rapport à Einstein, mais assez intelligent face à la plupart des animaux domestiques.

La manière dont nous nous sentons par rapport à nos biens et à notre style de vie est aussi relative. Relative à quoi ? Aux biens matériels et au style de vie de nos amis et collègues, bien sûr.

Malheureusement, nous apprécions rarement ce que nous avons à sa juste valeur. Nous nous considérons plutôt comme chanceux quand nous possédons autant (sinon plus) que ceux à qui nous nous identifions.

On se compare, on convoite, on consomme.

Ivan Illich, le philosophe autrichien, a remarqué il y a des décennies que, dans une société régie par la consommation, nous agissons comme des esclaves, des prisonniers de notre envie.

Un peu d'envie est tout naturel. Ses racines originelles se sont développées à un moment de notre évolution où les ressources – dont la plus importante, la nourriture – étaient limitées. La vie était une compétition, et la survie en était le grand prix. Nous avons été programmés, il y a des millénaires, pour désirer ce que les autres avaient. Et c'est correct tant que les autres sont à la même échelle salariale que nous. Cela ne l'est plus quand ils font trois fois notre revenu.

En 1949, James Duesenberry, un économiste d'Harvard, a écrit un article, *Keeping up with the Joneses*, où il dépeignait une famille de la classe moyenne qui réussissait à vivre selon ses moyens. Oui, les voisins des Jones, qui étaient aussi probablement leurs amis, voulaient leur ressembler et s'empressaient d'acheter les mêmes voitures et appareils électroménagers qu'eux, et c'était très bien ainsi. Ils *étaient* comme les Jones ! Leurs revenus étaient similaires.

De nos jours, l'amitié est de moins en moins fondée sur le voisinage. Elle a plutôt tendance à se développer au travail, au gymnase, lors des activités parascolaires de nos enfants ou même en ligne. Nous sommes donc régulièrement exposés à des habitudes de consommation de gens aux revenus variés, parmi lesquels de plus riches Jones modernes. Nous nous baladons dans leur voiture de luxe. Nous nous émerveillons de leurs vacances dans des endroits exotiques. Nous nous extasions devant les bâtons de hockey à 500 $ de leurs garçons. Nous sommes bouche bée devant les photos de leur superbe maison de campagne sur Facebook.

Il est difficile d'exagérer l'impact de notre « groupe de référence » sur nos décisions d'achat. Nous répondons consciemment et inconsciemment à leurs signaux de consommation. Leur style de vie nous influence, et quand cette influence est associée à son grand complice, le crédit facile, nous agissons comme si nous étions plus riches que nous le sommes réellement, « agir » étant ici le mot clé.

Quelle est la solution ? Eh bien, une idée mise de l'avant par Quentin Crisp, le flamboyant écrivain et conteur anglais est : « N'entrez pas en compétition avec les Jones. Ramenez-les à votre niveau. C'est moins cher. » Conseil sage, c'est certain, mais difficile à mettre en pratique. Traîner vos amis riches, à leur corps défendant, à la gargote du coin ne constitue pas nécessairement une soirée relaxante.

À la place, les experts nous enjoignent d'ignorer tous les Jones et de faire de notre mieux pour fréquenter uniquement des gens qui font autant d'argent que nous. D'une perspective purement financière, c'est une bonne idée. Mais, dans la réalité, demander les T4 des gens avant d'accepter leur amitié semble plutôt inapproprié.

Curieusement, il y a un sous-groupe de personnes pour qui cette sélection est facilitée de façon naturelle : les enseignants. Thomas J. Stanley, Ph. D., l'auteur du best-seller *The Millionaire Next Door*, a longtemps soutenu que le fait que les enseignants ne travaillent qu'avec des gens qui ont des revenus similaires aux leurs, les autres enseignants, est l'un des facteurs clés qui font que, pour la plupart, ils sont doués pour vivre selon leurs moyens. Son étude exhaustive place continuellement les enseignants au sommet des gens financièrement responsables. Il est assurément sur une bonne piste. Je crois même qu'il sous-estime l'importance de certains de ces faits. Les enseignants ne sont pas seulement entourés d'autres enseignants au travail, mais un pourcentage disproportionné de leurs amis est également composé d'autres enseignants. C'est logique : ils partagent les mêmes vacances, le même horaire et, étant donné la nature de leur travail, ont tendance à être des personnes ouvertes et sociables. Même que plusieurs enseignants se marient entre eux (ce avec quoi je ne suis pas toujours à l'aise).

Et voilà ! La clé pour réussir à contrôler vos dépenses, c'est soit d'avoir accès aux déclarations d'impôts de vos amis, soit de devenir enseignant. N'est-ce pas très pratique comme conseil ? Êtes-vous heureux d'avoir acheté ce livre ?

Sans blague, ce problème de groupe de référence est majeur. En fait, plusieurs des meilleurs sociologues, dont Juliet Schor, l'auteure du livre souvent cité *The Overspent American*, croient que c'est la cause principale de la diminution du taux d'épargne. Et ils ont probablement raison quand ils affirment, comme je l'ai exposé dans les chapitres « Consumé par la consommation » et « Mise à jour du statut », que notre faiblesse découle directement de notre obsession d'être en compétition avec les autres.

Ce qu'une bonne partie de notre société juge comme de la consommation ostentatoire n'est donc réellement que de la consommation compétitive.

Je sais bien que le conseil des experts – choisir vos amis en fonction de leur revenu – est impossible à suivre. Mais dans les deux prochains chapitres, je vous présenterai de nouvelles approches dont on a rarement entendu parler, mais qui ont prouvé leur efficacité.

LE POUVOIR DE LA RELATIVISATION

On nous a dit que notre appétit pour de nouveaux biens matériels était stimulé par l'expansion de notre groupe de référence. Le style de vie d'amis plus prospères, des collègues et même des « connaissances de la télé » forme le tourbillon de nos dépenses excessives. Les experts nous conseillent de réduire notre groupe de référence quand c'est possible et de n'y inclure que des gens qui partagent notre profil financier.

Je ne pourrais être plus en désaccord. À vrai dire, je vous conseille de faire exactement l'inverse. Élargissez votre groupe de référence le plus possible.

Regardez autour de vous. Et regardez tout le monde.

Il n'y a aucun meilleur antidote à l'envie qu'une bonne dose de relativisation. Avez-vous vu ce qui se passe en Afrique du Nord ? En Haïti ? Dans la Chine rurale ?

De l'extrême pauvreté aux dictatures militaires en passant par l'abus institutionnalisé des femmes et l'absence de système de santé, les problèmes auxquels des milliards de citoyens du monde font face quotidiennement devraient mettre en lumière à quel point nous sommes chanceux. Remarquez que j'ai utilisé le mot «devraient». D'une certaine façon, nous sommes incapables de relativiser, car il semble évident que, comme Canadiens, nous avons gagné au loto des pays. Nous vivons dans un pays prospère, démocratique, paisible et beau. Nos vies, d'après tous les standards excepté un seul, sont incroyablement riches. Malheureusement, ce standard, l'opulence de ceux qui sont plus riches que nous, est souvent le seul auquel nous prêtons attention.

Crûment, nous considérons souvent que ne pas pouvoir s'offrir un bien, qui serait estimé comme un luxe extrême dans le reste du monde, est une privation injuste.

Est-ce réellement important si votre ami a un spa à trente-deux jets pouvant contenir six personnes et que vous n'en avez pas? Il y a neuf cents millions de personnes dans le monde qui n'ont pas accès à l'eau potable.

Vous vous sentez frustré de ne pouvoir vous brancher à une connexion haute vitesse sans fil? Souvenez-vous que plus d'un milliard de personnes n'ont pas l'électricité.

Vous êtes irrité de ne pas avoir des appareils électroménagers en inox? Songez qu'une personne sur six dans le monde va au lit tous les soirs sans avoir pu manger à sa faim.

Nos animaux de compagnie vivent mieux que la moitié de la population mondiale.

Nous sommes tellement obsédés par ce qui nous manque que cela affecte notre capacité à apprécier ce que nous avons.

À un déjeuner d'affaires où j'ai pris la parole récemment, un des hommes assis à ma table était outré que la télé dans son nouveau VUS dernier cri n'était pas en haute définition. Que peut-on lui répondre? Peut-être que nous devrions détourner l'aide internationale pour régler ce problème afin que sa famille et lui puissent arrêter de souffrir inutilement.

Nous devrions élargir notre groupe de référence pour inclure non seulement les moins fortunés de la planète, mais aussi ceux qui ont vécu avant nous.

Plusieurs Canadiens ignorent à quel point nos vies se sont améliorées au fil du temps. Nous sommes présentement dans le «bon vieux temps». Cela me rend fou que les gens n'en soient pas conscients. Même l'économiste le plus optimiste des années 1970, Julian Simon, n'a pas prédit l'incroyable prospérité dont nous avons bénéficié. Nous avons une vie de rêve.

Voyons quelques exemples, en commençant par notre épicerie. De la nourriture incroyable nous arrive de partout dans le monde. Rien, même les petits fruits, ne semble être hors saison. La sélection, dans toutes les allées, est complètement démente. Juste les arachides, vous pouvez les choisir salées, non salées, rôties, rôties à sec, non rôties, rôties au beurre, rôties au miel, écalées, non écalées, enrobées de sucre, enrobées de yaourt, enrobées de chocolat, épicées, piquantes, fumées, parfumées au jalapeño, au barbecue, à l'ail, au chili et, croyez-moi ou non, cette liste est loin d'être exhaustive. Sommes-nous assez gâtés? Les repas congelés goûtent maintenant quelque chose (souvenez-vous du bifteck Salisbury original). Les salades sont vendues prélavées et prêtes à servir. Nous pouvons acheter du homard frais dans n'importe quelle épicerie en région. C'est complètement fou. Et pourtant, nous avons quand même réussi à faire diminuer le coût de notre panier d'épicerie (en pourcentage de notre revenu) au cours des cent dernières années. Meilleure qualité. Aliments mieux inspectés. Prix plus bas. Wow! Mais il y a sûrement une raison de ronchonner. Ah oui, c'est vrai, mon épicerie ne vend pas la pizza croûte mince multigrain, sans sel, sans noix, au poulet barbecue biologique que j'ai goûtée chez ma sœur la semaine passée. Comment vais-je survivre?

Et les voitures? Elles sont incroyables, de nos jours. Les pneus ne se dégonflent à peu près jamais et, quand cela se produit, ils peuvent se regonfler d'eux-mêmes. Qui pense à des choses pareilles? Vous pouvez maintenant acheter une voiture capable de se stationner en parallèle toute seule. Oui, toute seule. J'en veux une: je n'aurai plus à paralyser le trafic vingt minutes lorsque j'essaie de me garer. Sacs gonflables. Meilleure consommation d'essence. Freins antiblocage. Tout est assisté. Chaîne audio haut de gamme.

Système de navigation. Vous plaisantez ? Mais il semble cependant que ce ne soit pas suffisant pour certains. Un ami que je complimentais à propos de ses sièges chauffants m'a répondu : « Ouais, mais je préférerais avoir un volant chauffant. » Bouh, ouh, ouh ! Endure !

La télévision ? Qu'en dire ? Haute définition. Larges écrans au plasma. Des centaines de chaînes. Il y a une chaîne spécialisée sur le golf. Sur la nourriture. Sur les marchés financiers. Sur les Leafs de Toronto. Les Leafs ? Et que dire à propos de la télécommande ? Quelle invention ! Avez-vous déjà occupé une chambre d'hôtel où la télécommande ne fonctionnait pas ? Vous entrez alors en état de choc et continuez à presser les boutons, au bord de la panique. Devoir bouger de deux mètres pour changer de chaîne ? Quelle folie ! Pensez à la télé d'il y a quarante ans. La plupart étaient en noir et blanc. Nous avions trois chaînes en anglais : CBC, CTV et encore CBC qui diffusait la même programmation que l'autre, mais d'une autre antenne. Le cadran avait seulement treize positions, la quatorzième ne servant à rien. L'image, même sur les « bonnes » chaînes, semblait s'enneiger toutes les fois que Mannix ou Ironside était sur le point d'attraper le méchant. Nous obligions notre maman à ajuster les oreilles de lapin avec un cintre en métal dans la bouche ; nous étions prêts à tout. Maintenant, les gens s'énervent quand leur enregistreur vidéo numérique omet d'enregistrer les trente premières secondes d'*American Idol*. Quelle tragédie !

Et les téléphones ? Quand j'étais petit, nous avions un téléphone à cadran rotatif. Il nous fallait six minutes pour composer un numéro. De plus, il semblait que chaque numéro se terminait par un zéro. Et si vos doigts laissaient échapper le cadran avant d'avoir accompli la rotation complète, vous deviez recommencer à composer le numéro au complet. Les appels interurbains étaient très chers, on n'en faisait que lors d'occasions spéciales. Quand des amis allaient en vacances dans le Sud, ce qui arrivait plutôt rarement, nous étions tous très nerveux à propos de la sécurité des « oiseaux de métal ». Pour nous faire savoir qu'ils étaient bien arrivés, nous leur demandions de nous appeler à une heure prédéterminée et de raccrocher après avoir laissé sonner deux fois. « Hourra ! Paul et Marie sont toujours vivants !» criions-nous en liesse. Cela semble si bête à présent. Mais le plan B était encore plus absurde. Paul devait appeler à frais virés et demander quelqu'un du nom de Gertrude à la téléphoniste. «Désolé, vous avez le mauvais numéro», lui répondions-nous, ravis d'avoir pu déjouer Mme Bell et de savoir que nos amis étaient arrivés à bon port. Lignes partagées ? Téléphones payants ? Cartes d'appel ? Ils semblent tous être des antiquités par rapport à nos téléphones d'aujourd'hui, qui sont plus intelligents que nous. À peu près tout le monde de nos jours possède un mini-ordinateur puissant qui lui permet de joindre n'importe qui, n'importe où, n'importe quand et à un coût raisonnablement bas. Ces appareils dynamiques servent aussi souvent d'appareil photo, d'agenda, de juke-box, de console de jeu vidéo, de portail Internet et nous permettent d'utiliser une multitude d'applications que je ne comprendrai jamais. Nous avons le monde dans nos mains, littéralement.

Pensez-y. Ne tenez rien pour acquis. C'est ahurissant, mais vrai : le Canadien moyen vit mieux que les rois et reines des riches empires d'il y a seulement quelques dizaines d'années. Des dizaines d'années, pas des centaines.

Harold Coffin, l'ancien éditorialiste de l'Associated Press a fait remarquer : «L'envie, c'est l'art de compter les bienfaits qui comblent les autres plutôt que les siens.» Cela semble banal, mais la plupart des gens que je connais qui vivent selon leurs moyens ne font pas cette erreur. Ils sont capables de relativiser et saisissent pleinement la chance qu'ils ont d'être ici, en ce moment. De cette connaissance découle la gratitude. Manifestement, les gens qui sont réellement reconnaissants de ce qu'ils possèdent risquent moins de se concentrer sur ce qu'ils n'ont pas. Et une telle attitude leur permet de contrôler leurs dépenses.

Cicéron a eu plusieurs belles pensées à propos de la relativisation et de la gratitude, pourtant la meilleure citation sur le sujet ne vient pas du philosophe romain, mais de l'une des actrices préférées de ma mère, la chanteuse et actrice des années 1950 Doris Day : «La gratitude, c'est la richesse. Les lamentations, la pauvreté.»

C'est ma citation financière préférée.

SEPT MOTS LIBÉRATEURS

Mark Quinn, un de mes vieux amis, m'a appelé il y a environ un an avec un des problèmes de planification financière les plus communs. «Je dépense trop, a-t-il admis, j'aurais vraiment besoin de tes conseils.»

Je suis passé à son bureau le jour suivant et je lui ai demandé plus de détails.

«C'est vraiment simple, a-t-il expliqué. Chaque fois que quelqu'un me propose de l'accompagner au golf, de sortir au restaurant ou d'aller voir une partie de hockey, je réponds oui. C'est ridicule, mon mode de vie dépasse mes revenus. Je dois réduire mes dépenses. Peux-tu m'aider? Quelles sont les techniques?

— Eh bien, lui ai-je dit, quelquefois, quand quelqu'un t'offre de faire quelque chose, tu dois lui répondre: "Je ne peux pas me le permettre."

— C'est tout? a-t-il répondu, incrédule. C'est tout ce que tu as pour moi? Tu ne veux pas me parler de budget? De couper mes cartes de crédit? Ni me faire un de tes sermons sur la psychologie de l'argent? Quelque chose? N'importe quoi?

— Essaie ça.

— Je ne peux pas croire que tu sois l'auteur d'un best-seller de planification financière… » a été son seul remerciement.

Un mois plus tard, j'ai téléphoné à Mark et je lui ai demandé s'il voulait qu'on se rencontre au resto pour faire le suivi.

« Je ne peux pas me le permettre, m'a-t-il répondu en riant. Sérieusement, tu ne peux pas savoir à quel point répondre ça a fait comme différence. J'ai réduit mes dépenses et je ne sens plus de pression. Je suis moins stressé : c'est bon! Ça semble bizarre, mais *j'aime* le dire. »

Paradoxalement, « Je ne peux pas me le permettre » n'est pas un énoncé limitatif, mais libérateur. Il vous libère de la pression de vivre au-dessus de vos moyens, et sa véracité inattaquable facilite la gestion des tentations. Le fait est que nous avons tous des ressources limitées. Nous ne pouvons tout acheter ni faire tout ce que nous voulons. Il n'y a aucune raison d'en avoir honte. Acceptez-le. Ne luttez pas. Et ne laissez pas vos cartes de crédit vous convaincre du contraire.

« Je ne peux pas me le permettre. » Cette phrase semble dramatique, mais souvenez-vous que ces quelques mots prononcés à l'occasion feront plus pour votre avenir financier que des centaines d'heures passées à faire des recherches sur les fonds mutuels ou à élaborer un budget complexe.

★★★

Wow. J'admets que c'est bizarre de dire cela de mes propres conseils, mais je ne peux croire à l'impact que cette leçon a eu sur mes premiers lecteurs. C'est fascinant, ils ont tous eu la même réaction que Mark.

Par exemple, Sherri Amos, ma personne-ressource lors de mes conférences chez Home Hardware, m'a appelé au moment où je terminais la rédaction de ce chapitre. Je le lui ai lu au téléphone pour voir ce qu'elle en pensait. Franchement, si elle l'a aimé, elle l'a bien caché. Cependant, deux semaines plus tard, elle m'a rappelé et m'a raconté l'anecdote suivante : « Hier, mon mari et moi, nous devions réserver nos billets d'avion pour la Floride pour nos vacances familiales et nous nous sentions vraiment stressés. Des vacances avec les quatre enfants, durant la semaine de relâche de mars, vous pouvez imaginer à quel point ça peut être cher. C'est fou. Puis je me suis remémoré notre conversation et j'ai laissé échapper : "On ne peut pas se le permettre, allons-y plutôt en voiture." On aurait dit qu'on venait de nous enlever un poids des épaules. Nous avons admis que c'était vraiment trop cher pour nos moyens de prendre l'avion et ça nous a permis de redevenir excités à propos de notre voyage. C'est incroyable, vous aviez raison ! »

Pourquoi est-il si incroyable que j'aie raison ?

Pour être honnête, je m'attendais à ce que cette idée rencontre une énorme résistance pour une raison de fierté, spécialement quand les lecteurs devraient la mettre à l'épreuve avec des amis. Il semble que je me sois trompé. En fait, elle a créé un sentiment de soulagement chez ceux qu'ils l'ont mise en pratique. C'est comme si les gens attendaient juste la permission de pouvoir dire non. Et quand ils ont commencé à répondre : « Je ne peux pas me le permettre » à l'occasion, ils ont rapidement compris que ce n'était pas l'aveu d'un échec, mais l'acceptation de la réalité. Leurs conjoints ne les ont pas quittés. Leurs amis ont continué de les appeler. Leurs plans de retraite les ont remerciés.

Leurs enfants, par contre, ont hurlé : « Tout le monde le fait ! » en claquant la porte, mais, bon, on ne peut pas plaire à tout le monde.

L'EFFET DIDEROT

Une des plus grandes œuvres consacrées au défi que représente le rapport entre l'épargne et les dépenses est un essai écrit en 1772 par un philosophe français sage et spirituel, Denis Diderot. Il était intitulé : *Regrets sur ma vieille robe de chambre ou Avis à ceux qui ont plus de goût que de fortune.*

Dans cet essai, Diderot fait la chronique, de manière très éloquente, de la façon dont sa nouvelle robe de chambre écarlate en vient à faire des ravages sur son moral et dans ses finances. Peu après avoir reçu sa nouvelle robe de chambre, il lui apparaît que son environnement, qui lui semblait pourtant plaisant auparavant, n'est pas à la hauteur de l'élégance de celle-ci. Il se sent alors obligé de remplacer ses tapisseries, ses œuvres d'art, ses bibliothèques, ses fauteuils et enfin la chère table qui lui servait de bureau. Finalement, un Diderot plus pauvre s'est inconfortablement assis à son nouveau bureau : « J'étais le maître absolu de ma vieille robe de chambre, je suis devenu l'esclave de la nouvelle », s'est-il lamenté.

Chacun de nous a un peu de Diderot en lui. C'est pourquoi le « groupe de référence » dont vous devriez le plus vous méfier n'est pas vos amis riches ou vos collègues de travail fortunés, mais vous-même.

Peu de choses influencent vos décisions d'achat d'aujourd'hui autant que celles que vous avez prises hier.

Dépenser engendre des dépenses.

L'auteure du livre de recettes et entrepreneure que j'ai mentionnée plus tôt, Greta Podleski, nous en fournit l'exemple parfait. Sans surprise, il se rapporte aux vêtements. Il y a quelques années, Greta m'a informé qu'elle venait juste d'acheter une robe extraordinaire à un prix ridicule. « Je ne pouvais pas me permettre de *ne pas* l'acheter », a-t-elle affirmé.

Si l'histoire s'était arrêtée là, il n'y aurait eu aucun problème. Mais, bien sûr, elle ne s'est pas arrêtée là. Défiant toutes les probabilités, aucune des quelque quatre-vingt-dix paires de chaussures de Greta ne s'harmonisait avec sa version de la robe de chambre de Diderot. Le problème a été réglé en dépensant 140 $ de plus. Malheureusement, ces 140 $ ont causé un autre problème. Étonnamment, aucun des sacs à main de sa vaste collection ne s'assortissait avec ses nouvelles chaussures. Les couleurs étaient trop différentes, « vous en conviendrez » ; la fermeture de couleur bronze jurait avec les reflets cuivrés de son nouvel achat.

« J'ai besoin d'un nouveau sac à main, sinon tout l'argent que j'ai dépensé jusqu'à présent sera gaspillé, a ajouté Greta.

— Tu ne peux pas te permettre de *ne pas* acheter le sac à main, lui ai-je répliqué.

— Exactement ! » a-t-elle formulé, apparemment immunisée contre le sarcasme.

Deux tubes de rouge à lèvres et une paire de boucles d'oreilles plus tard, *La curieuse affaire de la petite robe à prix modique qui ne l'était pas* s'est conclue.

Je ne lui lancerai aucune pierre. L'année dernière, j'ai acheté deux nouveaux bois d'allée pour mieux frapper dans l'herbe longue, c'est tout de même ironique. Soudainement, avec mes deux nouveaux bois sortant de mon sac, mes fers m'ont paru vieux et fatigués. Après les avoir remplacés, c'était tout à fait normal de m'équiper d'un bois numéro 1 à la fine pointe de la technologie et d'un fer droit adapté à mon coup. Transporter tout ce nouvel équipement a rapidement fait paraître mon sac, que je trouvais pourtant beau auparavant, miteux, défraîchi et plus très chic. Alors je l'ai remplacé, lui aussi, suivi quelques jours plus tard de l'achat de nouvelles chaussures de golf qui semblaient donner des pouvoirs surhumains. Appauvri de 1 800 $, j'avais l'air d'un pro.

Mon élan, par contre, a démontré des signes de résistance, a repoussé le spectre de Diderot et a refusé de s'améliorer. Il est resté un étrange croisement entre ceux de Jim Furyk et de Lizzie Borden. Je déteste le golf.

L'endroit où l'effet Diderot est particulièrement dévastateur sur le plan financier, c'est dans les rénovations domiciliaires. En fait, je suis convaincu que, durant le processus de rénovation, plusieurs personnes deviennent momentanément dérangées. En tout cas, pour la plupart, ce n'est que temporaire. Sinon comment pourrions-nous expliquer leurs décisions ? Premièrement, la plupart des gens préparent un budget initial qui est, de légèrement à radicalement, au-dessus de leurs moyens et au-delà du bon sens. Et, invariablement, ils dépassent leur budget, parce que c'est ce qui arrive avec les projets de rénovation. « Tant qu'à enlever les carreaux pour remplacer le plancher de la salle de bain, on devrait installer un chauffage radiant. » Finalement, fait troublant, une fois que la salle de bain est magnifiquement rénovée, la cuisine se met à souffrir de la comparaison. « Nos armoires de cuisine font tellement années 2000. » Diderot ressuscite encore une fois, et le cycle de la rénovation recommence.

Quels sont les cinq mots les plus chers de la langue française ? « Tant qu'à y être. » Et les quatre lettres les plus coûteuses ? HGTV.

Je ne dis pas qu'il ne faut jamais rénover. Beaucoup de mes amis proches et de membres de ma famille travaillent dans l'industrie et j'ai moi-même apporté plusieurs améliorations majeures à ma maison il y a quelques années. J'aime Mike Holmes. Mais ressaisissez-vous ! Comme j'aurais aimé que quelqu'un me dise, pendant que je faisais un Diderot de moi-même, de me maîtriser, que les améliorations, que mes récentes rénovations m'obligeaient à faire, devraient être achevées tout en restant abordables.

Plus de la moitié des gens que je connais ont des problèmes avec leur marge de crédit (j'en parlerai davantage un peu plus loin) en raison de leurs dépenses excessives de rénovation. Je n'ai aucun problème avec les planchers de marbre chauffant, j'aimerais beaucoup en avoir un. Cependant, quand les gens achètent ce genre de produit de luxe, en général à crédit, plutôt que de cotiser à leur REER ou d'épargner suffisamment pour les études de leurs enfants, c'est un problème. Et, dans ce cas particulier, il n'y a aucune excuse. La vieille technologie abordable fonctionne très bien encore, achetez des pantoufles !

Rappelez-vous Diderot. Mais surtout, remémorez-vous le sous-titre de son essai : *Avis à ceux qui ont plus de goût que de fortune.*

CHIRURGIE PLASTIQUE

J'ai peur des cartes de crédit. Vraiment! Vous auriez sans doute beaucoup de difficulté à trouver un rédacteur financier qui ne partage pas mes craintes. Elles peuvent se révéler néfastes (les cartes, pas les craintes). Vous trouvez que j'emploie un mot un peu fort? Voici la définition du mot « néfaste » : qui peut avoir des conséquences malheureuses, susceptibles d'être nuisibles et de faire du mal.

Vous comprenez ce que je veux dire?

Certaines personnes, spécialement les banquiers, vont répliquer : « Oui, les cartes de crédit ont causé du tort à plusieurs consommateurs, mais elles offrent beaucoup d'avantages. »

En fait, ils ont raison, sauf pour quelques mots oubliés : « Oui, les cartes de crédit ont causé du tort à plusieurs consommateurs, mais *c'est parce qu*'elles offrent beaucoup d'avantages. »

Faciliter des actions qui pourraient avoir des conséquences malheureuses, dans ce cas trop dépenser, n'est pas positif.

Souvenez-vous, nous avons examiné les raisons pour lesquelles nous sommes tant attirés par la consommation. Nous sommes connectés, au propre et au figuré, pour le faire. Résister à la tentation a toujours été difficile, mais avec un portefeuille rempli de cartes de crédit, c'est pratiquement impossible.

Contemplez. Salivez. Appuyez sur OK.

Raisonnez. Prenez une douche d'eau froide. Répétez.

Étonnamment, le modèle qui conduit tant d'entre nous à s'embourber financièrement est aussi simple que cela. Comme je l'ai démontré dans le chapitre « Connexion déficiente », les cartes de crédit nous permettent d'agir avec impulsivité par rapport à nos impulsions. (Ce n'est pas redondant, c'est vrai !)

Fait tout aussi inquiétant, elles nous aident aussi à *créer* ces impulsions en nous désensibilisant au coût des choses. Des images du cerveau démontrent que nous réagissons aux décisions relatives aux dépenses de la même façon qu'à la douleur physique. La partie de notre système limbique associée à la reconnaissance de la douleur (l'insula) est activée quand nous regardons le prix d'un produit. Essentiellement, cela envoie le signal que nous allons soit causer, soit aggraver une blessure (une blessure à notre portefeuille dans ce cas). Nous départir de quelque chose que nous apprécions, notre argent, nous blesse littéralement. Heureusement, cette douloureuse perspective de perdre de l'argent vient contrebalancer l'excitation émotionnelle que nous ressentons si souvent quand nous contemplons un produit. La douleur est un signe qu'il faut réfléchir avant d'agir.

Les cartes de crédit viennent toutefois perturber ce processus. Comme George Loewenstein, un neuroéconomiste de l'université Carnegie Mellon, le faisait remarquer, elles permettent d'anesthésier la douleur.

Il explique que : « Contrairement à l'argent liquide où vous donnez quelque chose (billets et monnaie) en échange d'une autre chose (bien ou service), avec une carte de crédit, comme vous ou le vendeur n'avez simplement qu'à la glisser dans le lecteur de bande magnétique, vous n'avez pas vraiment l'impression de donner quelque chose en retour. Avec les cartes de crédit, c'est aussi très facile de ne pas voir, ou de délibérément ignorer, combien vous dépensez. »

Amen.

Souvent, les experts financiers diront : « Pour certains, les cartes de crédit sont un problème. Pourtant, pour ceux qui paient le solde de leurs cartes, elles représentent un excellent outil qui leur permet d'emprunter à un taux d'intérêt nul. » Ce dernier point n'est pas nécessairement vrai. Même parmi ceux qui remboursent mensuellement le solde de leurs cartes, plusieurs dépensent plus qu'ils ne devraient. Ils ne paient peut-être pas d'intérêts, mais ils dépensent suffisamment pour s'empêcher d'épargner le montant approprié. Eux aussi ont une relation problématique avec leurs cartes de crédit.

C'est simple : les cartes de crédit nous permettent d'agir comme si nous étions plus riches que nous le sommes réellement, et agir comme si nous étions riches maintenant rend difficile de le devenir plus tard.

Et voilà l'arnaque. Je vous parle des cartes de crédit depuis le début de ce livre et je ne vous ai toujours pas mentionné leur point faible le plus évident : leurs taux d'intérêt absurdement élevés sur les soldes impayés. Manifestement, ne faire que les paiements minimums et conserver une dette à un taux de 18 % (ou plus) n'est pas une stratégie financière recommandée.

Alors que faire ? De façon réaliste, je ne crois pas que nous allons tous couper nos cartes de crédit. Mais voici une idée qui pourrait nous ramener à la réalité.

Plusieurs fois, après avoir étudié les finances de clients (particulièrement celles de personnes dans la vingtaine ou dans la trentaine), j'ai pensé qu'il serait bon que glisser une carte de crédit dans un lecteur de bande magnétique envoie une décharge électrique dans le corps de son propriétaire, rien de dangereux, bien sûr, juste de quoi attirer son attention. Je crois que les gens y penseraient à deux fois avant de sortir leur « plastique ». Étrangement, les banques et les détaillants ne sont pas très enthousiastes à cette idée.

De façon plus pragmatique, nous devons plutôt étendre le conseil que j'ai donné dans le chapitre « Connexion déficiente » à propos de limiter notre accès au crédit. Reconnaissez que ces cartes sont les grandes complices qui vous permettent d'assouvir votre tendance à dépenser, et cessez de les porter sur vous en permanence. Vous *pouvez* sortir de la maison sans elles. Utilisez votre carte de débit et effectuez un retrait. Vous souvenez-vous de l'argent ? De papier et de métal ? Ressentez la douleur quand vous payez. Déterminez un montant raisonnable pour vos dépenses quand vous allez magasiner et forcez-vous à le respecter en n'emportant que ce montant en argent *réel*. Ne prenez pas vos cartes de crédit. N'emportez pas vos cartes de débit. Utilisez de l'argent liquide, la devise oubliée !

Il y a quelques années, je me suis rendu à Las Vegas avec huit femmes (ne posez pas de questions). L'une d'elles a employé cette stratégie très simple avant de se diriger vers les centres commerciaux : elle a retiré un montant raisonnable du guichet et a laissé ses cartes dans le coffre-fort de l'hôtel. Non seulement sa stratégie a fonctionné comme un charme, mais elle a prétendu que celle-ci l'avait aidée à réduire son stress durant sa « chasse », parce qu'elle l'avait obligée à plus de discernement dans ses achats. Excellent !

Quand ma sœur et mon beau-frère étaient des nouveaux mariés, l'un d'eux avait un problème, car il dépensait exagérément. Évidemment, il serait inapproprié de spécifier lequel des deux. (C'était ma sœur !) Alors ils ont décidé de couper leurs cartes, de n'en conserver qu'une seule avec une limite plus basse et de n'employer que du liquide aussi souvent que possible. Le problème a été réglé, et ils ne sont jamais revenus à leur vieille façon de faire. De plus, et c'est mon point stratégique, ma sœur n'a plus jamais été tentée de dépenser exagérément, car elle ne le pouvait pas.

Une dernière considération intéressante, je l'admets, sort un peu de l'ordinaire. Au cours des années, j'ai réussi à aider beaucoup de personnes à reprendre le contrôle sur l'utilisation de leurs cartes de crédit tout simplement en les sermonnant avec sévérité. Sans plus. Sérieusement. Je ne suis pas certain de savoir pourquoi les bonnes vieilles réprimandes se sont révélées aussi efficaces pour ce problème particulier. En général, je crois plutôt au renforcement positif. La théorie d'une femme que j'ai « guérie » est que j'ai réintroduit la douleur dans ses décisions d'achat. Chaque fois qu'elle allait utiliser sa carte, mes mots durs revenaient en boucle dans sa tête. Eh, l'important est que ça fonctionne ! Alors si vous vous surprenez à abuser de votre carte de crédit, vous pouvez appeler à mon bureau au 519 747-2298 et je vous engueulerai pendant quelques minutes, sans frais. Et pardonnez-moi le jeu de mots.

Peut-être êtes-vous l'une de ces quelques personnes qui ont suffisamment d'autodiscipline pour éviter les pièges des cartes de crédit. Vous aimez les points et les garanties prolongées sur vos achats. Même dans ce cas, restez vigilant, leurs charmes réussissent à leurrer à peu près tout le monde, un jour ou l'autre.

Le danger vous guette.

VIVRE À CRÉDIT

Les marges de crédit me fascinent. Alors que la plupart des gens normaux aiment passer leur temps libre à écouter leurs émissions de télé favorites, à aller au cinéma pour voir le dernier film à l'affiche ou à lire le dernier succès de librairie, j'adore étudier comment et pourquoi les gens contractent des dettes.

Ne vous demandez pas pourquoi je vis seul. Pathétique.

Mis à part cet aveu, les marges de crédit et la manière dont les gens les utilisent sont vraiment intéressantes. Certains experts les qualifient de «très pratiques». D'autres d'«insidieuses». Comment peuvent-elles être ces deux choses à la fois?

Commençons par le commencement : qu'est-ce qu'une marge de crédit? C'est un concept assez facile à comprendre, en fait. C'est une entente entre une institution financière et un client, qui permet à ce dernier d'emprunter de l'argent jusqu'à un montant limite prédéfini. Les emprunteurs peuvent disposer de cet argent de la façon qu'ils le veulent et au moment où ils le veulent. Aucune règle ne régit la manière d'employer les fonds. De plus, la majorité des marges de crédit n'imposent aucun échéancier de remboursement. Les clients peuvent la rembourser quand ils le souhaitent et, ce qui arrive dans la plupart des cas, n'effectuer que le paiement des intérêts mensuels. Elles permettent ainsi de maintenir le coût du service d'emprunt au plus bas. Finalement, étant donné qu'elles sont sécurisées par une hypothèque sur la maison de l'emprunteur, la plupart des marges de crédit offrent des taux d'intérêt très compétitifs.

Que demander de plus ? Toutes ces caractéristiques font des marges de crédit un produit très flexible, qui laisse le contrôle complet aux consommateurs.

Et c'est de là que vient le problème.

Essentiellement, les marges de crédit sont comme des cartes de crédit géantes, mais avec un taux d'intérêt plus bas et sans points de récompense. Et comme leurs cousines de plastique, elles vous permettent de céder machinalement à la tentation et de vivre au-dessus de vos moyens.

Dans les mains d'emprunteurs responsables, disciplinés et réfléchis, une marge de crédit peut être un excellent outil financier. Toutefois, pour 71,9 % des Canadiens, la prudence s'impose. Vraiment.

Grâce aux marges de crédit, certaines personnes ont perdu les pédales au cours des deux dernières décennies. « Nous ne pouvons pas nous permettre cette dépense ? Pas de problème, utilisons la marge de crédit ! » J'ai des amis qui utilisent leur marge de crédit comme un deuxième revenu. D'autres, lorsqu'ils en ont une pour la première fois, se mettent à dépenser comme s'ils venaient de gagner à la loterie.

Même quelques-uns de mes collègues financièrement responsables se sont retrouvés avec une énorme dette sur leurs marges de crédit sans même réaliser pleinement ce qui leur arrivait. D'où le terme « insidieuse » que j'ai employé à leur propos : séduisantes, mais dangereuses et destinées à vous piéger.

Il n'est pas difficile de comprendre pourquoi tant de gens sont charmés par elles. N'avoir que les intérêts à payer mensuellement, à des taux d'intérêt historiquement bas, a fait que les marges de crédit semblent presque une source d'argent gratuit.

L'année dernière, j'aidais une femme qui s'interrogeait à propos de sa planification financière et me mentionnait avoir emprunté 60 000 $ sur sa marge de crédit pour rénover la salle de bain de son fils. (Oui, je sais ce que vous pensez.) « Ne vous inquiétez pas, m'a-t-elle assuré, les rénovations ne me coûtent que 150 $ par mois, je peux me le permettre. »

Seulement 150 $ par mois ? Le taux d'intérêt de sa marge de crédit était de 3 %, et 3 % de 60 000 $ donnent 1 800 $ par an ou 150 $ par mois. Ce sont seulement 5 $ par jour.

En calculant, je pensais : « Hé, je veux une marge de crédit de 60 000 $, moi aussi. » C'est vrai que c'est tentant. C'est fou, les marges de crédit réussissent à m'attirer même si je suis en train d'écrire un chapitre pour vous mettre en garde à leurs propos. Je suis comme Maître Crown, qui est tombé amoureux de la belle meurtrière qu'il tentait de faire condamner. OK, c'est boiteux comme comparaison, mais sérieusement, il est difficile de résister à une marge de crédit.

Alors pourquoi combattre ? Revenons à cette femme qui affirmait que ses rénovations ne lui coûtaient que 150 $ par mois. C'est faux. Très faux. Elles lui coûtent 150 $ par mois, plus 60 000 $.

Elle a commodément oublié qu'il lui restait le capital à rembourser. Sa banque, elle, ne l'oubliera pas. Elle *devra* remettre cet argent un jour. Et c'est un très gros montant. Même si elle tente d'amortir son prêt en cinq ans, il lui faudra tout de même faire des paiements mensuels de 1 000 $ en capital uniquement. Se libérer de ce prêt ne sera pas facile.

La réponse de plusieurs emprunteurs ? Ne pas rembourser, laisser la dette courir indéfiniment. On verra plus tard… Beaucoup plus tard… En fait, peut-être au moment de l'ultime plus tard, au décès. Essentiellement, un bon nombre de Canadiens se bricolent une hypothèque inversée. Ils empruntent sur leur marge de crédit hypothécaire et pensent, consciemment ou inconsciemment, la rembourser à leur décès ou quand ils vendront leur maison pour déménager dans une plus humble demeure.

Quelque chose me dit que cette situation risque de mal se terminer. La dernière chose dont nous avons besoin, c'est d'un État où les gens traînent leurs dettes jusqu'à la retraite alors que celle-ci est déjà insuffisamment financée.

Et qu'arrivera-t-il si les taux d'intérêt augmentent ? Ou peut-être devrais-je plutôt dire qu'arrivera-t-il quand les taux d'intérêt vont augmenter ? Le crédit ne sera pas toujours aussi facile à obtenir. À 3 %, un tel emprunt est gérable. À 7 %, c'est plus dur. À 11 %, achetez de la nourriture en boîte et descendez au sous-sol, car vous êtes dans le pétrin.

Si nous mettons ces avertissements légitimes de côté, une marge de crédit peut être un bon choix quand nous avons besoin de financement. Je ne le dis pas juste pour paraître avoir un discours équilibré, elles peuvent vraiment l'être.

Par exemple, si vous empruntez pour investir, une idée que je développerai plus loin, une marge de crédit peut jouer un rôle utile, flexible et efficace.

Si vous consolidez ou refinancez vos dettes, une marge de crédit est idéale, flexible et efficace.

Cependant, pour ceux qui sont sujets à dépenser de façon excessive (et nous le sommes tous !), les marges de crédit sont nos complices consentantes, flexibles et efficaces.

Leur force est leur faiblesse. Elles sont très utiles, mais insidieuses. Elles sont le meilleur des produits, et le pire aussi.

Je crois que vous me comprenez. C'est un paradoxe financier.

Soyez donc extrêmement prudent. Et quand vous utilisez votre marge de crédit, souvenez-vous toujours de ce fait ultra-important : ce n'est pas votre argent, c'est celui de la banque.

PRESQUE TROP GÉNÉREUX

L'année dernière, mon bureau a reçu l'appel d'une femme désespérée de me rencontrer. Comme vous pouvez le deviner en regardant ma photo sur la couverture, c'est plutôt rare, alors je me suis empressé de la rappeler.

Elle a déclaré qu'elle était en difficulté. Quelques années plus tôt, elle avait hérité une maison de ses parents et commencé à cotiser à un REER. Malheureusement, elle était, de son propre aveu, une accro du magasinage et abusait de ses cartes de crédit. En seulement deux ans, elle avait amassé des dettes de 30 000 $. La bonne nouvelle, c'est qu'elle était pleinement consciente que les intérêts sur ses cartes étaient astronomiques et que son manque de discipline était une menace pour son avenir financier. Elle souhaitait sincèrement mettre de l'ordre dans ses affaires.

Je lui ai conseillé de prendre rendez-vous avec le service des prêts de sa banque et d'ouvrir une marge de crédit hypothécaire de 30 000 $, pas plus. De payer ensuite ses cartes avec sa marge de crédit, passant ainsi d'une dette à un taux d'intérêt de 18 % à une autre à 3 %, et de couper ses cartes immédiatement. Le plan prévoyait un paiement mensuel par transfert préautorisé de son compte chèques pour rembourser la dette.

Une semaine plus tard, elle m'a appelé et m'a confirmé avec enthousiasme qu'elle avait suivi mes instructions. Toutes ses cartes avaient été payées.

« Je suis très contente, vraiment.

— Avez-vous coupé vos cartes ? ai-je demandé.

— Tout à fait ! s'est-elle exclamée. Et je ne serai pas tentée d'en commander de nouvelles, surtout maintenant que j'ai une nouvelle marge de 150 000 $.

— Pardon ? Je vous ai suggéré une marge de crédit de 30 000 $ seulement.

— Je sais, mais le gentil jeune homme m'a dit que, avec mon revenu et ma maison payée en entier, un montant de 150 000 $ lui semblait plus approprié. Comme il a dit, elle est disponible si j'en ai besoin, mais je ne suis pas obligée de l'utiliser.

— Comme vos cartes de crédit, lui ai-je fait remarquer. Avez-vous mentionné au gentil jeune homme que vous êtes une acheteuse compulsive ? Que vous ne pouvez résister au crédit disponible ?

— Oui et il m'a assurée que c'était très courant. »

Je n'étais pas certain de la façon de procéder à la suite de ce dernier commentaire tellement j'étais sidéré. Avec sa permission, j'ai téléphoné à l'employé de la banque. Je lui ai demandé pourquoi il avait donné une si grosse marge de crédit à une cliente qui ne l'avait pas demandée et qui avait admis avoir un problème à gérer son crédit.

Sa réponse a été succincte, honnête et éclairante : « C'est mon travail ! »

Les banques sont des entreprises et, comme toutes les entreprises, elles vendent un produit. Dans leur cas, ce produit est de l'argent. (Techniquement, elles le louent, elles ne le vendent pas, mais vous comprenez où je veux en venir.)

Le cœur du modèle d'affaires d'une banque est très simple. Elle emprunte l'argent des déposants à X% (oui, vous prêtez des fonds à la banque quand vous déposez votre chèque de paie dans votre compte) et elle le prête à d'autres qui ont besoin de financement à un taux de X% + Y%.

Les profits de la banque avant les frais généraux sont donc de Y% (mieux connus sous le nom «marge d'intérêt nette»). Cela suppose, bien sûr, qu'aucun emprunteur ne sera en défaut de paiement. Cependant, comme nous l'avons vu au cours des dernières années, les emprunteurs ont pris la mauvaise habitude de ne plus rembourser leurs prêts.

Les banques du monde entier se sont alors rappelé une évidence : prêter de l'argent à des gens qui ne remboursent pas n'est pas une bonne façon de faire prospérer leur entreprise. C'est doublement vrai quand ces emprunts sont garantis par des biens immobiliers surévalués.

Néanmoins, les banques canadiennes, qui sont parmi les mieux gérées et les plus judicieusement réglementées du monde entier, ont fait preuve de prudence. En grande partie parce qu'elles ont cessé de prêter plus d'argent à ceux-qui-vont-être-capables-de-payer-seulement-si-tout-continue-de-bien aller. Elles ont plutôt préféré concentrer leur énergie commerciale en attirant des clients qui possèdent d'excellentes garanties (la plupart du temps, une valeur résiduelle importante sur une maison) et qui ont les moyens de payer les intérêts sur la dette, afin de les faire emprunter le plus possible, peu importe qu'ils le demandent ou non.

La stratégie n'est plus d'offrir du crédit à ceux qui en ont besoin, mais de vous convaincre que vous devriez en vouloir. Réalisez vos rêves. Vous le méritez bien. Achetez un vignoble.

Bref, les institutions financières sont devenues agressives. Elles ne sont plus des fournisseurs de crédit, mais des *pushers* de crédit.

C'est la clé pour comprendre que les critères qu'utilise la banque pour calculer votre capacité d'emprunt et les vôtres comme emprunteur potentiel sont très différents ou, à tout le moins, le devraient. Tout ce que les banques calculent, c'est si vous pourrez rembourser les paiements mensuels en se basant sur votre revenu et le service de vos autres dettes. Vous, d'un autre côté, devez déterminer si vous pouvez rembourser votre emprunt tout en étant en mesure de financer votre retraite, peut-être aussi d'épargner et, très important, de vivre. Nous y reviendrons.

Franchement, les efforts de votre banque pour vous fournir autant de crédit que vous pouvez en obtenir ne sont souvent pas dans votre meilleur intérêt. Et le jeu de mot est intentionnel.

Est-ce que j'affirme que personne à votre banque ne se soucie de votre avenir financier ? Bien sûr que non. Plusieurs s'en préoccupent, mais ils ne travaillent normalement pas au service des prêts. Repensez à l'histoire que j'ai présentée au début de ce chapitre. Le « gentil jeune homme » était réellement en conflit d'intérêts, littéralement, en voulant en faire payer plus à sa cliente. Il y avait un écart entre ce qui était le mieux pour sa cliente et pour son employeur. L'employé a choisi son chèque de paie, et il est difficile de le blâmer pour cela.

Je déteste critiquer les banques. J'aime travailler avec elles et j'ai (ou j'avais !) une tonne d'amis dans l'industrie. Maintenant, les banques ne m'inviteront peut-être plus à faire des conférences et je ne suis pas au-dessus de ces considérations financières, moi non plus. Mais, de grâce, elles doivent se calmer un peu. Il y a beaucoup trop de Canadiens qui ont plus de dettes qu'aucune analyse ne peut raisonnablement justifier.

Cela dit, nous devons assumer la responsabilité de nos propres décisions. Personne ne peut nous forcer à avoir une marge de crédit de 200 000 $ ou à emprunter le maximum de notre montant hypothécaire approuvé (certains sont franchement ridicules, soit dit en passant).

Dites juste non ! Vous êtes votre propre bureau de contrôle du crédit.

Laissez votre bon sens, vos objectifs d'épargne et votre conseiller financier, et non l'employé de la banque, déterminer votre capacité d'emprunt. Prenez en considération la nature humaine ; limitez votre accès à l'argent qui n'est pas le vôtre.

Trop de crédit disponible entraîne souvent des dépenses ina-
bordables. Et du stress. Beaucoup de stress.

***

Ho ! Les réactions de mes premiers lecteurs par rapport à ce
chapitre et au précédent ont été très instructives pour moi. Il est
clair que j'ai *sous-estimé* les périls que représentent les marges de
crédit. Plusieurs m'ont raconté des histoires d'horreur. Ma théorie
au sujet de l'existence d'une « folie temporaire » provoquée par les
marges de crédit et les rénovations ? Confirmée ! La bataille entre
« très pratique » et « insidieuse » a été remportée par cette dernière.

Même deux responsables des prêts ont admis que la situation
était probablement pire que je l'ai décrite, et ce, malgré qu'ils soient
payés pour commercialiser des marges de crédit, rappelez-vous. Ils
sont aux premières loges pour observer les dommages.

Ce qui est intéressant, c'est que la phrase qui a trouvé le plus
de résonance auprès des lecteurs a été : « J'ai des amis qui utilisent
leur marge de crédit comme un deuxième revenu.

— Oui, c'est nous, ça ! m'ont répondu plusieurs personnes.

— Je suis heureuse d'avoir une belle cuisine, c'est juste que je
ne peux plus me payer de nourriture », a été le commentaire d'une
de mes premières lectrices. Elle plaisantait, bien sûr, mais sa blague
révélait une réalité importante.

Soyez prudent ! Il est souvent préférable de ne pas avoir ce
genre de marge de crédit.

UNE STRATÉGIE
D'EMPRUNT EMPRUNTÉE

J'admets que j'ai volé cette idée. Ce n'est pas inhabituel, je vole des idées tout le temps. Ce qui est inhabituel, ici, c'est sa source originale. Je n'ai pas piqué cette idée à Warren Buffett. Ni à Ben Franklin. Ni même à aucun autre expert financier. Non. Je l'ai fauchée à une femme astucieuse de Dartmouth en Nouvelle-Écosse.

Elle travaillait pour le gouvernement, je crois, et son mari était dans le domaine manufacturier. Il y a plusieurs années, elle m'a appelé pour m'expliquer sa stratégie d'épargne et d'emprunt, et pour avoir mon opinion. Elle m'a fièrement annoncé que son conjoint et elle utilisaient des prélèvements préautorisés sur leur compte chèques et sur leur paie pour cotiser au maximum à leurs REER et faire des épargnes additionnelles à long terme. De la musique à mes oreilles, bien entendu.

Le problème provenait de leur difficulté à épargner pour les plus petites choses, comme une nouvelle télé, un voyage ou un spa.

Les quelques centaines de dollars par mois dont ils avaient besoin et qu'ils espéraient mettre de côté disparaissaient constamment. Ils refusaient d'utiliser leur carte de crédit et d'avoir à conserver un solde sur celle-ci (hourra!) et reconnaissaient qu'une marge de crédit, même si elle leur permettrait de tout financer, pourrait créer un plus gros problème et non présenter une solution.

Ils ont trouvé un compromis très astucieux. Ils ont ouvert une petite marge de crédit de 7 000 $ et se sont fait la promesse qu'une fois y avoir emprunté, peu importe le montant, ils ne pourraient l'utiliser de nouveau tant que le solde ne serait revenu à zéro.

Leur dette, prudemment gérée, leur a donc servi de programme d'épargne forcée. Ils devaient payer la télé plasma s'ils voulaient aller en voyage au Mexique. Ils devaient rembourser le voyage au Mexique s'ils voulaient acheter de nouveaux bâtons de golf. Et ainsi de suite.

Oui, ils ont cédé à la tentation avant d'épargner suffisamment pour s'offrir ce qu'ils désiraient, mais seulement une chose à la fois et uniquement si elle était abordable. Leur solde de marge de crédit n'a jamais dépassé 7 000 $ et, chaque fois qu'ils y puisaient un montant, ils commençaient à le remettre à zéro.

Le plus intéressant, c'est qu'ils étaient heureux de rembourser leur dette. L'argent qu'ils n'arrivaient pas épargner avant l'achat était devenu plus facile à épargner après. Pourquoi? Leur stratégie de base a pris le pouvoir du matérialisme et l'a transformé en motivation. Ils savaient qu'ils ne pourraient pas faire un autre achat avant d'avoir remis leur solde à zéro.

Une volonté profonde d'être libres de toute dette pour mieux en créer de nouvelles (oui, ça semble bizarre) les a poussés à agir de façon plus financièrement responsable. Pouvoir satisfaire leurs désirs immédiats tout en anticipant de nouveaux plaisirs est une combinaison qui a fait des merveilles pour eux.

Plus important encore, cette stratégie a donné d'aussi bons résultats chez d'autres personnes à qui je l'ai présentée. Non seulement elles ont été capables de l'appliquer, mais en plus elles y ont pris plaisir. À bien y penser, c'est probablement la raison pour laquelle elles ont été capables d'y rester fidèles.

Je reste sur mes gardes à propos des marges de crédit, mais j'aime beaucoup cette idée. C'est simple, tout comme moi!

Souvenez-vous toutefois qu'il s'agit d'une marge de crédit de 7 000 $ et non de 70 000 $, et qu'un remboursement total est requis avant de pouvoir financer tout nouvel achat.

IL ÉTAIT UNE FOIS...

Toute cette discussion à propos d'épargner plus (ou de façon plus déprimante, de dépenser moins) peut devenir un peu pénible. J'ai pensé faire une pause et partager avec vous une anecdote personnelle qui n'a absolument rien à voir avec la planification financière. Oui, je sais, c'est un peu étrange, mais ma mère aime cette histoire, et j'aime ma mère.

En octobre 1995, j'ai reçu un coup de fil de Janet Podleski d'Ottawa. Je n'avais jamais entendu parler d'elle. Elle a longuement monologué à propos du livre de recettes fantastique que sa sœur Greta et elle écrivaient. Comme je ne comprenais pas le but de son appel, j'ai fini par l'interrompre.

«Je crois que vous faites erreur, je m'appelle Dave Chilton et je suis l'auteur du livre *Un barbier riche*. Je suis un expert en planification financière. Je ne connais rien aux livres de recettes. Je suis totalement incompétent dans une cuisine. En fait, je suis nul dans bien d'autres pièces de la maison aussi. Qui cherchez-vous?

— Vous! a-t-elle insisté. Nous avons lu un article à votre sujet dans la revue *Saturday Night*. Ils racontaient comment vous avez eu un immense succès en autopubliant votre livre. Alors nous voulons que vous autopubliiez le nôtre.»

Je lui ai fait remarquer qu'il était logiquement impossible pour moi d'autopublier le livre de *quelqu'un d'autre*, mais elle n'a pas semblé ébranlée par ce problème sémantique. Elle répétait sans cesse que nous ferions une bonne équipe. «Vous pourriez même être notre capitaine.

— Merci, mais je ne vous connais pas et je ne suis pas tellement un homme d'équipe. De plus, je voyage beaucoup et je n'ai aucun temps libre pour un autre projet. Si le livre est aussi extraordinaire que vous le dites, vous n'aurez aucun problème à trouver un éditeur conventionnel.

— Notre projet a été refusé par les dix-huit éditeurs à qui nous l'avons fait parvenir, a avoué Janet. Manifestement, ils ne savent pas de quoi ils parlent.

— Assurément, ai-je accordé en admirant son optimisme. Écoutez, Janet, je ne veux pas vous faire perdre votre temps, je ne suis pas intéressé, mais bonne chance tout de même.»

Elle n'a pas renoncé et m'a supplié de les rencontrer. Je suis resté sur mes positions. J'étais sur le point de raccrocher quand Dame Chance a frappé.

«On prend le train pour venir vous voir demain», a-t-elle plaidé au moment où j'allais raccrocher.

Si elle n'avait pas mentionné le mot «train», je n'aurais jamais accepté de les recevoir. Mais j'ai pensé : *Qui prend encore le train aujourd'hui? Les gens prennent l'avion, la voiture. Mais le train?* J'étais intrigué. De plus, et je sais que j'aurai l'air un peu puéril, j'étais excité à l'idée d'aller les accueillir à la gare. Je n'y avais pas mis les pieds depuis l'âge de dix ans. J'adore les trains!

Alors, le jour suivant, je suis allé chercher les sœurs Podleski à la gare. Je ne me doutais pas que cette rencontre allait changer le cours de ma vie.

Elles étaient habillées de façon formelle, et l'une d'elles avait un ordinateur portable, ce qui est courant maintenant, mais plutôt inhabituel en 1995. Au restaurant, elles m'ont fait une présentation avec PowerPoint sur les tendances de l'industrie des aliments santé. Comme je survivais grâce à trois paquets de bonbons par jour, apprendre que les ventes de laitue allaient exploser ne m'intéressait pas. En vérité, la présentation entière a été douloureusement ennuyeuse. J'aurais certainement imaginé un moyen de m'échapper si les deux sœurs n'avaient pas été aussi jolies et si je n'étais pas aussi superficiel.

Je suis resté en faisant de mon mieux pour avoir l'air intéressé. Finalement, lorsque je n'ai plus été capable d'en endurer davantage, je me suis penché et j'ai fermé leur portable. « Qu'est-il arrivé au charisme d'hier ? Votre énergie au téléphone était incroyable. Oubliez les diagrammes circulaires et les graphiques. Expliquez-moi pourquoi vous faites cela. Qu'est-ce qui vous rend différentes ? Pourquoi ce livre ? Racontez-moi votre histoire.

— Eh bien, tout a débuté il y a quinze mois, a commencé Janet. Je travaillais dans la vente de logiciels et je venais d'acheter une nouvelle maison. Greta avait besoin d'un endroit où habiter et, comme j'ai pensé qu'un revenu de location pourrait m'aider à payer l'hypothèque, je lui ai loué le sous-sol. Elle est une cuisinière phénoménale, elle est incroyable. Elle fait la cuisine depuis qu'elle a sept ans. Et pas avec un four jouet, je parle de repas complets pour notre famille qui comprenait huit personnes.

— C'est vrai que c'est impressionnant, ai-je dit avec sincérité. Mais comment votre idée de livre vous est-elle venue ?

— Greta a commencé à faire la cuisine pour nous deux dans notre nouvelle demeure. C'était bon à en crever. Plus besoin de sortir au restaurant. J'apportais les restes au bureau le lendemain. Mes collègues s'extasiaient devant mes repas. J'économisais des tonnes d'argent. Puis, après quelques mois, j'ai remarqué que j'avais perdu du poids. Je me sentais bien, mais, comme je n'avais pas modifié mon programme d'entraînement, j'ai pensé que je pouvais être malade.

71

— Et je lui ai dit que c'était tout le contraire, a poursuivi Greta. Je lui ai expliqué qu'elle perdait du poids à cause de son alimentation. Nous mangions des repas très nutritifs, faibles en gras et comprenant de meilleures formes de glucides, mais elle ne m'a pas crue. Nous mangions des hamburgers et des pizzas, pas de la luzerne et du tofu! Avec la substitution créative de quelques ingrédients, je les avais rendus beaucoup plus sains, sans en sacrifier le goût.

— C'est là que je me suis rendu compte qu'on tenait quelque chose, a continué Janet. Le monde avait besoin de connaître les recettes incroyables de Greta. Nous voulions ouvrir une chaîne de restaurants qui s'appellerait Chez Greta, d'un océan à l'autre. On voulait que ce soit gros. On a donc été à la banque pour emprunter de l'argent.

— Ça ne s'est pas très bien passé, l'a interrompue Greta. On n'a pas voulu nous financer parce que nous n'avions aucun plan d'affaires, aucun capital, aucune expérience ni aucune formation appropriée. L'employé de la banque a été très sévère!

— Un esprit pointilleux, ai-je sympathisé. Et puis?

— C'est alors que nous avons décidé d'écrire un livre de recettes! Nous savions que nous étions sur la bonne voie. Je pouvais concevoir les recettes, et Janet pouvait écrire des conseils santé en marge. Puis nous pouvions travailler ensemble pour inventer des blagues sur l'alimentation et donner un ton humoristique à notre livre. Tout le monde aime manger et tout le monde aime rire… Alors pourquoi ne pas combiner les deux?

— Le jour suivant, nous avons toutes deux démissionné de notre travail, a annoncé Janet.

— Pardon? ai-je balbutié, incrédule.

— Nous avons quitté nos emplois, le même jour et à la même heure. Nous avions besoin de nous concentrer. Je suis allée voir mon patron et je lui ai dit: "Je démissionne, je vais travailler à un projet secret avec ma sœur!" »

Qui parle de cette façon?

« Et j'ai fait la même chose, a affirmé Greta. J'avais un emploi sur la Colline du Parlement et je l'ai quitté pour travailler avec Janet.

— C'est insensé ! Et comment faites-vous pour l'argent ?

— Oh, ça a été dur. Nous avons dû emprunter à nos conjoints, à nos ex-conjoints, à nos cousins, à nos beaux-frères… À tout le monde. Cependant, nous avons épuisé ces fonds il y a quelques mois déjà.

— Vous venez d'une famille riche ? ai-je demandé.

— Non, non, a répondu Janet. Notre père est décédé et notre mère est à la retraite.

— Alors comment payez-vous vos factures ?

— Nous ne les payons pas ! a été la réplique scandaleuse de Janet.

— Nous n'ouvrons même pas les enveloppes, a ajouté Greta en haussant les épaules. Nous avons un tiroir, le tiroir à factures, dans la cuisine, dans lequel nous les jetons. Pourquoi les ouririons-nous si nous ne sommes pas en mesure de les payer ? »

Cette question avait du sens. Le reste de l'histoire, par contre, pas vraiment.

« Vos créanciers ne vous harcèlent pas ? ai-je insisté.

— Bien sûr, l'agent de Bell a été très contrarié pendant un moment, mais nous lui avons parlé de notre projet de livre et il nous appuie à présent, a expliqué Greta. Chaque semaine, il me demande à quelles nouvelles recettes je travaille.

— On doit de l'argent à tout le monde, c'est difficile de faire le suivi. »

Ouf ! Ce n'était pas un projet auquel l'auteur du livre *Un barbier riche* pourrait s'associer. En fait, j'étais angoissé juste à écouter leur histoire, ce qui ne me ressemble pas du tout. J'étais angoissé à un point tel que j'ai aussitôt donné un chèque de 2 000 $ aux deux sœurs. Je leur ai dit : « Si un jour vous devenez riche, vous me rembourserez. » Elles ne l'ont jamais fait.

À ce point de la conversation, je ne savais plus trop que faire de ce duo dynamique. D'un côté, elles avaient une attitude contagieuse et beaucoup de personnalité. De l'autre, elles étaient complètement folles, peut-être même bonnes à enfermer.

Je suis resté sur mes positions et j'ai continué de répondre non à leurs demandes de partenariat.

Janet s'est entêtée. «Greta est un génie, une savante idiote. Elle est la Rainman de la nourriture santé. Vous pouvez lui donner n'importe quel repas et elle peut miraculeusement le rendre meilleur pour la santé *et* au goût. Elle n'a aucun autre talent, mais ça, elle peut le faire! Nous vous avons d'ailleurs apporté trois parts de son extraordinaire gâteau au fromage allégé pour que vos employés et vous puissiez l'essayer. Si vous ne trouvez pas que c'est le meilleur gâteau au fromage que vous ayez jamais mangé, on cessera de vous importuner.

— Cessez de m'importuner tout court!» ai-je répondu en plaisantant à moitié.

Je les ai ensuite raccompagnées à la gare où j'ai mangé les trois parts de gâteau (pour la recherche) en essayant d'oublier cette rencontre.

Cela a été impossible puisque Janet et Greta me téléphonaient, télécopiaient et m'écrivaient tous les jours. Chaque fois que je prononçais une conférence à Ottawa, elles étaient toutes deux assises au premier rang, me soufflant mon discours. Les articles de journaux qui ont parlé d'elles par la suite ont encensé leur détermination, mais en réalité c'était plutôt du harcèlement.

Finalement, il y a eu une percée. Après une de mes conférences, les Podleski m'ont invité à prendre un café et m'ont présenté leur livre presque terminé. Il était beau, et très différent. Même moi, qui ai peu d'intérêt pour la cuisine, je me sentais attiré par son charme. J'ai décidé d'en rapporter quelques pages à la maison pour les montrer à ma famille.

Je suis allé saluer mes parents à mon retour d'Ottawa. Pendant que mon père m'apprenait les dernières nouvelles du monde du sport, ma mère survolait le travail des deux sœurs. Elle rigolait... Beaucoup. Elle était également intriguée par les recettes. «Cette combinaison d'aliments est vraiment inhabituelle. Franchement, je ne peux pas croire que ces recettes vont fonctionner.»

Ensuite, mon père, un vrai linguiste, a regardé quelques pages. « Qui a fait l'édition ? a-t-il demandé.

— Personne, encore, c'est leur exemplaire. C'est si terrible ?

— Au contraire, c'est excellent. Ces deux filles maîtrisent très bien la langue. »

Hum, peut-être que Janet et Greta sont meilleures que je le croyais, ai-je alors pensé.

« Maman, peux-tu me faire une faveur et essayer quelques recettes pour me dire ce que tu en penses ? »

Une semaine plus tard, elle m'a appelé pour me donner son verdict : « Ce sont les meilleurs plats que j'aie jamais faits ou mangés. Tu devrais publier ce livre. »

J'ai parlé devant plusieurs étudiants au MBA et je leur ai toujours dit : « Vous pouvez effectuer des essais auprès de groupes de discussion autant que vous le voulez, faire de la recherche formelle autant que vous le désirez, mais si votre mère vous dit de publier le livre, publiez le livre ! »

J'ai appelé Janet sur-le-champ et j'ai informé les deux sœurs de ma décision : « C'est bon ! Je veux bien être votre partenaire. J'apporterai le capital et l'expérience, vous apporterez votre enthousiasme et votre livre. »

Je n'exagère pas en disant qu'elles sont devenues folles de joie. Je pouvais les entendre crier et hurler, se taper dans les mains. C'était l'hystérie. Greta a réussi à dire : « D'accord, on trouve un nom de compagnie ce soir et vous pourrez nous incorporer demain matin ! Nous combinerons nos trois noms. Ça va être génial... Très intelligent... Promis ! »

Le jour suivant, elle m'a appelé à neuf heures pile pour m'annoncer le nom de notre nouvelle compagnie : « Ce sera Granet Publishing... Greta plus Janet, ça donne Granet ! Vous saisissez ?

— Et qu'est-il arrivé à Dave ? me suis-je senti contraint de demander.

— On n'a pas réussi à l'insérer, je suis désolée », a-t-elle gazouillé.

Comme vous l'avez sans doute deviné, je parle, bien entendu, de leur livre *Looneyspoons*. Il a paru en septembre 1996 et a été vendu à plus de huit cent cinquante mille exemplaires, uniquement au Canada, au cours des dix-huit premiers mois. On n'avait jamais vu quelque chose de semblable dans l'industrie du livre.

Les personnalités contagieuses de Janet et Greta ont attiré l'attention du pays entier. Tous les médias ont voulu les avoir en entrevue pour partager leur histoire inspirante. Cette couverture médiatique leur a permis de prendre leur élan, mais le charme de leur livre et surtout leurs recettes ont fait le reste.

La rumeur s'est répandue comme une traînée de poudre. Tout le monde parlait des recettes de *Looneyspoons* et les essayait.

Évidemment, je n'ai apporté aucune expertise à ce projet, mais j'ai été heureux d'y participer.

Depuis, elles ont publié deux nouveaux livres, *Crazy Plates* et *Eat, Shrink and be Merry!* Elles ont créé une nouvelle gamme de produits congelés, lancé des cartes de vœux avec Hallmark, conçu des ustensiles de cuisine et animé une émission de cuisine sur la chaîne Food Network Canada.

C'est une réussite remarquable.

J'ai quitté l'entreprise de Janet et Greta il y a quelques années. Elles ont finalement compris ce que je leur disais depuis le début : elles n'avaient pas besoin de moi.

Mais quelle expérience ! Je devrai toujours à ma mère le fait de m'avoir incité à y participer. Bien sûr, je ne lui ai jamais payé de redevances, je ne voudrais surtout pas avilir notre relation avec un geste aussi grossier.

Je dois aussi beaucoup à Janet et Greta. Travailler avec elles a été marrant, il me semblait vivre une nouvelle aventure tous les jours. Elles m'ont permis de me rappeler, grâce à leur passion, ce que devrait être le but d'une entreprise : aider les autres. Personne ne se soucie autant de la santé des Canadiens qu'elles. Personne.

Elles représentent aussi le plus formidable exemple d'une des qualités les moins valorisées et qui demeure pourtant l'ingrédient clé du succès : être gentil ! Elles traitent toujours les gens avec amabilité et respect. Peu importe si elles sont occupées ou non, elles trouvent le temps de rappeler les gens et de répondre à leurs courriels personnellement.

Elles sont fantastiques. Un peu folles, mais fantastiques.

SANS DETTE !

N'importe quel livre de planification financière vous le dira : une « bonne » dette, c'est de l'argent emprunté pour acheter un actif qui prendra de la valeur. Une « mauvaise » dette, manifestement, c'est de l'argent emprunté pour se procurer un produit ou une expérience qui se dépréciera. Les bonnes dettes, avec le temps, nous aident à augmenter notre valeur nette. Les mauvaises, pas vraiment.

Quel est l'exemple typique de ce concept ?

Prendre une hypothèque pour acheter votre première maison : bonne dette. Utiliser votre carte de crédit pour aller à Las Vegas : mauvaise dette.

Faire un emprunt pour vous aider à payer vos frais universitaires : bonne dette. Retirer des fonds de votre marge de crédit pour acheter des meubles de jardin luxueux : mauvaise dette.

Il est difficile de débattre de la définition traditionnelle des bonnes et des mauvaises dettes.

Mais je vais essayer. Cette définition ne va pas assez loin. Dans sa forme actuelle, elle n'est pas suffisamment représentative de la bonne façon de penser pour prendre des décisions d'emprunt avisées.

Les bonnes dettes devraient plutôt être définies comme tout montant d'argent emprunté pour acheter un actif qui prendra de la valeur et dont le service de la dette n'affectera pas votre capacité à épargner un montant approprié et dont le capital sera entièrement remboursé avant votre retraite. Les mauvaises seraient donc toutes les autres.

Ne déterminez pas le montant que vous pouvez vous permettre d'emprunter sur votre salaire brut, mais plutôt sur votre revenu après impôts et épargne.

Voilà la vraie façon de vivre selon ses moyens.

Juste parce qu'une maison est probablement un actif qui prendra de la valeur ne veut pas dire que vous devez emprunter un montant ridicule pour l'acheter, même si la banque est prête à vous « aider ». Lorsque vos remboursements hypothécaires vous empêchent de cotiser à votre REER, ne vous racontez pas d'histoires, ce n'est pas une bonne dette.

Récemment, des rédacteurs financiers ont affirmé qu'il était acceptable, dans des circonstances particulières, d'avoir des dettes à votre retraite. Ouf ! J'ai senti ma chimie corporelle changer juste à écrire cette phrase. « Particulière » devrait vouloir dire : en cas d'ultime nécessité. Et même alors, « acceptable » n'est pas synonyme de « recommandé ». De nombreux sondages nous confirment que les retraités ayant des dettes impayées sont moins heureux, même si les paiements sont abordables. Être endetté est stressant la plupart du temps, mais quand vous avez un revenu fixe ? C'est brutal.

Et qu'arrivera-t-il si les taux d'intérêt augmentent ? Cesserez-vous de manger ? Arrêterez-vous de jouer au golf ? Renverrez-vous votre conjoint travailler ? Pillerez-vous vos enfants ? (J'admets que ces deux dernières solutions ne sont pas si mal.)

Ne traînez pas vos dettes jusqu'à votre retraite. Elles drainent vos liquidités, créent du stress et sont sujettes aux hausses des taux d'intérêt qui sont, eux aussi, soumis à la loi de Murphy.

Curieusement, les gens qui gèrent leur argent de manière responsable suivent instinctivement cette stratégie. Pourtant, je ne l'ai jamais lue ailleurs et elle n'a jamais été enseignée dans aucun cours de finance. Étrange. Laisser ces nouvelles définitions d'une bonne dette et d'une mauvaise dette déterminer vos décisions d'emprunt est crucial pour votre succès financier.

Et c'est aussi vrai lorsque vous achetez une maison. Prendre une trop grosse bonne dette conventionnelle peut vous rendre prisonnier de votre propre maison.

PRISONNIER DE SA PROPRE MAISON

J'avais hâte d'écrire ce chapitre, en partie parce que je n'ai pas une vie très trépidante, mais surtout parce que, après trente années passées à étudier les finances personnelles de milliers de personnes, j'ai fini par réaliser que ce conseil était vraiment la clé pour vous permettre d'atteindre vos objectifs financiers : achetez une maison que vous pouvez *vraiment* vous permettre.

Oui, cela semble évident. Oui, c'est la suite de la leçon du chapitre précédent. Et oui, c'est le bon sens. Malheureusement, le bon sens n'est pas une pratique courante.

Chaque année, le *Washington Post* tient un concours où il invite ses lecteurs à ajouter, soustraire ou changer une lettre d'un mot pour lui donner une nouvelle signification. Une année, le gagnant a suggéré « cashtration : acte d'acheter une maison qui rend le propriétaire impuissant pendant une période de temps indéfinie ».

Très intelligent. Très émouvant. Très envieux de ne pas y avoir pensé moi-même.

Un bon nombre de Canadiens sont «cashtrés». Ils ont eux-mêmes été les chirurgiens de l'opération, aidés en cela par les banques qui ont été heureuses de leur tendre le scalpel.

Je reviens avec ma définition d'une bonne dette : 1) elle devrait servir à acheter un actif qui prendra de la valeur ; 2) dont le service de la dette n'affectera pas votre capacité à épargner ; et 3) qui sera entièrement remboursée avant votre retraite.

La définition d'une bonne dette pour la banque ? Prêter tout argent qui sera remboursé avec intérêts. C'est tout. Et notre épargne ? Notre retraite ? Ce ne sont pas les responsabilités des banques.

Le responsable des prêts de la banque ne vous présentera pas un plan financier détaillé pour vous et votre épargne, du genre : «Si nous considérons que vous devriez mettre 8 000 $ par année dans vos REER, le montant du prêt hypothécaire *approprié* serait de...»

Vous entendrez plutôt : «En fonction de votre revenu familial brut, le montant du prêt hypothécaire *approuvé* est de...»

C'est drôle comme deux mots qui sont si près l'un de l'autre dans le dictionnaire, «approprié» et «approuvé», peuvent avoir un sens si diamétralement opposé quand il s'agit de planification financière.

En fait, c'est terrifiant.

Récemment, j'ai sermonné un banquier à ce sujet, jusqu'à en perdre le souffle : «Ça n'a aucun sens que si deux couples ayant le même revenu familial viennent vous voir pour une hypothèque, ils se qualifient pour le même montant peu importe si l'un ne souhaite pas avoir d'enfants et profite d'un régime de retraite à prestations déterminées auquel il n'a même pas besoin de contribuer, alors que l'autre a trois enfants et aucun plan de retraite. C'est fou!»

Sa réponse ? «Oui, c'est vrai.»

Cette remarque m'a mis encore plus en rage. Je m'étais préparé une litanie d'arguments pour prouver mon point de vue, et cet homme avait le culot d'être d'accord avec moi. Je déteste ça quand ça arrive.

Fichus banquiers.

Comme je l'ai mentionné dans le chapitre précédent, n'empruntez jamais sur la base d'une formule calculée selon votre revenu brut. C'est votre revenu après impôts et après épargne qui importe.

Votre épargne devrait venir en premier et vos décisions d'emprunt ensuite. Trop de personnes inversent cet ordre et se retrouvent avec des problèmes auxquels il est très difficile d'échapper.

Mais le pire, c'est que le problème avec le fait d'étirer au maximum le montant d'emprunt pour acheter une maison ne provoque pas seulement des paiements hypothécaires démesurés. Il va beaucoup plus loin.

Ce sont des impôts fonciers plus élevés.

Ce sont des factures de services publics plus élevées.

Ce sont des frais d'entretien plus élevés.

Et revoilà notre vieil ami et nouveau voisin, Diderot. Inquiétant. Rappelez-vous, dépenser engendre des dépenses. Rien n'influence autant vos décisions d'achat d'aujourd'hui que celles que vous avez prises hier. Et il n'y a pas de décision plus importante que celle d'acquérir une maison.

Inévitablement, si vous étirez votre budget pour acheter une maison, vous l'étirerez aussi pour acheter des meubles, des électroménagers et même pour les décorations extérieures (votre voiture).

Attention !

Deux des plus talentueux auteurs de livres de finance personnelle, Charles Farrell (*Your Money Ratios*) et Thomas J. Stanley (*The Millionaire Next Door*) soutiennent que dépenser un trop gros montant pour une maison peut devenir le principal facteur vous empêchant d'atteindre l'indépendance financière.

Le plus drôle, c'est que les gens qui vivent dans des maisons qu'ils peuvent se permettre se classent constamment au premier rang de ceux qui se considèrent comme heureux dans les sondages. Peut-être n'ont-ils pas étiré leur budget parce qu'ils étaient déjà heureux ou peut-être étaient-ils heureux parce qu'ils n'avaient pas étiré leur budget. C'est l'œuf ou la poule. Je soupçonne qu'il s'agit d'une combinaison des deux.

Je comprends, c'est bien d'avoir une maison, mais faites en sorte que ce soit vous qui la possédiez et non l'inverse.

En passant, en anglais «hypothèque» s'écrit *mortgage*, qui est dérivé de l'ancien français «mort gage».

MA FRUSTRATION

Hier matin, je me suis assis avec *Un barbier riche*. Je ne l'avais pas ouvert depuis si longtemps que j'ai eu l'impression de le lire pour la première fois. Je l'ai dévoré d'un bout à l'autre en quelques heures.

Je vais probablement vous sembler ridicule, mais je me suis fait prendre par l'histoire. Je me suis demandé ce qu'étaient devenus les personnages après tant d'années. Est-ce qu'Éric et Nadia étaient toujours ensemble ? Est-ce qu'Armand était toujours vivant ? Est-ce que Jacinthe avait suivi les conseils du barbier ?

J'ai tenté de sonder ma fille. « Hé, veux-tu entendre ma nouvelle idée ? Un jour, tu devrais écrire la suite d'*Un barbier riche*. Ça deviendrait une sorte de projet littéraire multigénérationnel. Je n'ai jamais entendu parler d'un tel projet. C'est original, n'est-ce pas ?

— Mais, papa, je n'ai même pas lu ton livre, a répondu Courtney en bâillant. Est-ce que je peux emprunter la voiture ? »

Apparemment, mon idée n'était pas super.

En tout cas, deux choses m'ont particulièrement frappé lors de ma lecture. D'abord, ma sœur a fait un travail d'édition remarquable. Je ne suis pas un auteur très talentueux (vous l'avez probablement remarqué à présent). Elle a travaillé très fort pour étoffer les personnages et peaufiner les dialogues. C'est quand même dommage qu'elle n'ait rien retenu des leçons du livre. Ensuite, la notion «Paie-toi en premier», que je présente au début de la première partie du chapitre 4, est le message le plus important du livre.

Je sais qu'il est complètement inapproprié d'encenser son propre travail, mais j'aime cette section. Je n'en changerais pas un mot, même vingt ans plus tard. Après avoir reçu des milliers de plans financiers depuis ce temps, je suis plus que jamais convaincu que l'épargne forcée est la clé pour atteindre ses objectifs financiers.

Épargner en premier. Dépenser le reste. Bon.

Dépenser en premier. Épargner le reste. Mauvais.

C'est aussi simple que ça.

Étrangement, c'est presque malheureux qu'un concept si important soit si simple. On a alors tendance à minimiser son importance. À le considérer comme un lieu commun. Même à l'ignorer.

Ne faites pas cette erreur.

Lutter contre toutes les tentations que nous offre la vie n'est pas facile. La plupart d'entre nous sont faibles et, comme nous l'avons vu, il est naturel de céder aux pressions sociales, biologiques et psychologiques qui nous conduisent à trop dépenser.

Faire un budget pour épargner paraît génial en théorie, mais fonctionne rarement en pratique. Nos désirs se métamorphosent en besoins. Nos soucis d'aujourd'hui débordent sur ceux de demain. «Je me rattraperai le mois prochain», devient notre sempiternelle promesse jamais tenue.

Payez-vous en premier.

Ben Franklin l'a découvert il y a plus de deux cents ans grâce à son intelligence et sa sagesse formidables.

Et maintenant, des économistes comportementaux et des experts du cerveau s'entendent pour dire que c'est la bonne stratégie.

Les recherches formelles et les évidences empiriques le démontrent.

Il y a une raison pour laquelle cette stratégie se retrouve dans tous les livres de planification financière : elle fonctionne !

Et pourtant, la plupart des gens ne la mettent pas en pratique.

Je ne peux pas vous dire à quel point c'est frustrant.

Déductions automatiques sur la paie, retraits automatiques, paiements préautorisés, je ne veux pas savoir comment vous le ferez, mais faites-le !

Pas quand le sous-sol sera fini. Ni après les prochaines vacances. Pas dans quelques mois quand vous aurez enfin eu le temps de bricoler un plan financier.

Maintenant.

Est-ce que ce montant vous manquera ? Est-ce que votre style de vie en souffrira ? Je ne sais pas. Peut-être. Oui. Mais probablement pas autant que vous le pensez. Honnêtement. La vaste majorité des gens qui ont institué cette stratégie d'épargne forcée sont surpris du peu de changements qu'elle cause à leur consommation.

Franchement, même si vous avez un pincement à l'idée d'avoir à couper quelque part, eh bien, désolé, mais vous *devez* épargner. J'ai étudié les finances personnelles toute ma vie adulte et je n'ai jamais réussi à trouver un moyen de mettre de l'argent de côté sans mettre de l'argent de côté.

Vous savez, j'ai toujours été très bien traité par l'industrie de la finance et par les médias. Malgré cela, il y a une critique que j'entends de temps à autre : « Oh, Dave Chilton, c'est le barbier riche qui ne fait que répéter les mêmes trucs de base : payez-vous en premier, commencez maintenant à épargner et vivez selon vos moyens. »

Exactement.

UN DON DU CIEL

Les héritages, ou plus précisément les héritages potentiels, jouent un rôle de plus en plus grand dans les décisions d'épargne. Beaucoup de Canadiens dépensent comme des fous maintenant, en espérant se renflouer partiellement ou en entier grâce à un allié inhabituel : la Mort. Certains croient à cette observation mordante de Winston Churchill : « Épargner est une bonne chose. Spécialement quand vos parents l'ont fait pour vous. »

Évidemment, je ne vais pas vous conseiller d'éviter d'hériter. En fait, je crois que c'est bon pour vous d'être très gentil avec les aînés de votre famille. Par exemple, j'ai envoyé à ma mère un bouquet de fleurs spectaculaire et je lui ai discrètement fait remarquer sur la carte que ma sœur ne faisait jamais ce genre de chose.

Le problème, bien sûr, c'est qu'il est impossible de prédire quand vous recevrez cet héritage et de combien il sera. Les gens vivent de plus en plus vieux. En plus, ils continuent de dépenser jusqu'à la fin. Quel culot !

Aurez-vous cinquante ans quand vous recevrez l'argent ? Soixante ? Soixante-dix ?

Restera-t-il quelque chose après avoir payé la maison de retraite et les soins de fin de vie ?

Qui sait si nos gouvernements déficitaires ou ruinés n'introduiront pas un nouvel impôt sur les successions ? Combien viendront-ils alors confisquer de cette manne providentielle ?

Est-ce que votre bienfaiteur vous fera la surprise de laisser son héritage à un organisme de charité ? À son animal de compagnie ? Ou directement à ses petits-enfants ?

Peut-être aussi que de mauvais investissements auront saboté le portefeuille de vos proches, les forçant à piger dans leurs richesses plus qu'ils ne l'avaient anticipé.

Comme tous les gouvernements du monde augmentent la production de leurs presses à billets, il serait aussi prudent d'évaluer combien l'inflation viendra éroder la valeur de ce futur héritage.

Il y a beaucoup d'incertitudes. Alors que peuvent faire ces futurs héritiers ?

Eh bien, ils ne devraient pas trop compter sur cet héritage quand ils établissent leur plan financier, ou du moins non sans en avoir significativement diminué le montant potentiel. Trop de choses peuvent mal tourner. Et la variable la plus importante peut, elle, bien tourner : leurs parents peuvent vivre jusqu'à cent ans !

Veuillez donc, s'il vous plaît, considérer les héritages potentiels comme des cadeaux futurs et non comme une excuse pour éviter de mettre de l'argent de côté maintenant. En fait, il n'y a aucune bonne excuse pour ne pas épargner dès aujourd'hui.

UNE COMPLICATION BIEN UTILE

Dans le chapitre «L'épargne, vous connaissez?» d'*Un barbier riche*, Armand Meilleur conseillait de conserver un relevé détaillé de nos dépenses au cours d'une période de plusieurs mois. Toutes les dépenses. Peu importe leur importance. Que vous utilisiez du liquide, votre carte de crédit, un paiement automatique, n'importe quoi, Armand voulait que vous inscriviez la dépense et qu'ensuite vous lui attribuiez une catégorie. Il maintenait que ce procédé vous permettrait d'avoir une expérience révélatrice en mettant en lumière combien d'argent si durement gagné vous glisse entre les doigts.

Je croyais que c'était une idée irréalisable. Oui, je l'ai écrite, mais je pensais tout de même que c'était une idée irréalisable. Quel genre d'excentrique va se promener avec un crayon et un bloc-notes et consigner chaque achat? Un dollar pour une barre de chocolat, 16,40 $ pour le dîner, 19,95 $ pour un livre de planification financière, 60 $ d'essence. Comme Jacinthe, dans *Un barbier riche*, le fait remarquer : « C'est beaucoup de travail. Est-ce que ça vaut le coup ? Après tout, cet argent est déjà dépensé. » J'avais aussi l'impression que, tant que les gens utilisaient la stratégie du paie-toi en premier, ce n'était pas à moi de leur dire comment dépenser le reste de leur argent. En réalité, j'en ai fait un chapitre juste parce que je pensais que c'était une stratégie à laquelle Armand aurait cru. Je me suis fait prendre par mon personnage.

Et c'est embarrassant à dire, mais, encore une fois, mon personnage fictif est plus intelligent que moi.

J'avais tort. Les relevés de dépense fonctionnent. En fait, il est impressionnant de voir l'impact qu'ils peuvent avoir. Vous vous dites probablement : « Même si ça fonctionne, je ne vais quand même pas me mettre à retracer chaque sou que je dépense. Je vais plutôt sauter ce chapitre. » Franchement, une femme parmi mes éditeurs pensait comme vous, mais il ne lui était pas permis de passer au prochain chapitre. Gardez l'esprit ouvert. Elle a changé d'avis, et peut-être changerez-vous d'avis aussi.

Le moyen le plus sûr de générer de la richesse, se payer en premier, est souvent neutralisé par l'ennemi juré de la vraie planification financière : les dépenses excessives rendues possibles par le crédit facile. C'est inquiétant : je vois régulièrement des individus ou des couples qui ont un montant significatif dans leur REER du côté de l'actif, qui est contrebalancé par une dette de consommation astronomique du côté du passif. C'est quelque chose que je n'avais jamais vu quand j'ai écrit *Un barbier riche* à la fin des années 1980. Comme par hasard, c'est en 1990 que les institutions financières ont commencé à commercialiser les marges de crédit de manière très persuasive et à peu près au même moment que les limites des cartes de crédit se sont mises à atteindre des sommets ridicules.

Ainsi, aujourd'hui, même certains de ceux qui se paient en premier ont besoin de réduire leurs dépenses. Mais même s'il n'est jamais simple de se limiter, savoir où va votre argent rend le processus plus facile. En fait, plusieurs économistes comportementaux soulignent que le seul fait de surveiller ses dépenses tend à les réduire, même si aucun plan d'austérité n'est déjà en place.

D'une certaine façon, cette seule vigilance pousse les gens à être plus responsables financièrement, de façon inconsciente, j'imagine. Oui, cela me semble un peu ésotérique, à moi aussi, mais c'est exact. Tout le monde, littéralement, que j'ai soumis à cet exercice m'a rapporté avoir diminué ses dépenses sans aucun effort conscient.

C'est assez remarquable.

Il y a une deuxième raison à mon changement d'attitude à cent quatre-vingts degrés envers le relevé des dépenses. Il aide non seulement les gens à limiter leurs dépenses, mais aussi à mieux déterminer leurs priorités.

Nous avons tous des ressources limitées. Nous devrions avoir pour but de dépenser l'argent qui nous reste pour les choses ou les expériences qui nous apportent le plus de plaisir. Nous devrions rechercher le plus grand impact pour chaque dollar durement gagné. Néanmoins, plusieurs économistes comportementaux soutiennent que ce n'est pas ce que nous faisons. Plutôt que de comparer combien d'unités de plaisir un produit nous donne relativement à un autre, nous nous précipitons : « Hé ! C'est super et le prix est bon, je l'achète ! »

Bien sûr, le prix en dollars est important, mais nous devrions aussi penser en termes de coût d'opportunité. Peut-être que le potentiel de quatre unités de plaisir d'un achat justifie un prix de 30 $, mais si pour le même montant vous pouviez vous procurer un produit qui génère sept unités de plaisir ? Ne serait-il pas un choix plus sage ?

Ne rejetez pas cette idée même si elle ressemble à du babillage (et j'admets que ça y ressemble). C'est réellement un point stratégique. Les gens comme moi aiment se concentrer sur les façons d'épargner intelligemment, mais il y a aussi des gens qui se concentrent sur la façon de dépenser intelligemment. Ils en obtiennent plus pour leur argent et, non, je ne veux pas dire qu'ils sont radins. Pour chaque dépense ou investissement, ils recherchent le rendement disponible le plus élevé possible. Un rendement non mesuré en dollars ou en pourcentage, mais en plaisir.

Janet et Greta, les sœurs *Looneyspoons*, rappellent constamment aux gens qu'il est correct, à l'occasion, de savourer des aliments riches en gras et peu nutritifs, mais qu'ils doivent s'assurer qu'ils sont dignes de cette petite folie, qu'elle en vaut la peine. Ne risquez pas de prendre quelques kilos pour rien de moins qu'un morceau de votre gâteau au chocolat fondant préféré. Les bons acheteurs appliquent cette façon de penser à chaque décision d'achat.

Digne d'une folie. J'aime ça.

Je trouve toujours que tenir un relevé des dépenses permet d'attirer notre attention sur tout l'argent qui nous file entre les doigts et qui ne rapporte aucun rendement. Il laisse les participants perplexes et les pousse à jurer de changer. Mais le plus important c'est qu'habituellement ils honorent leur serment.

Ils ne dépensent pas seulement moins, ils dépensent mieux. Ils deviennent des acheteurs efficaces.

Des acheteurs efficaces. J'aime ça aussi. Ça fait très Armand Meilleur.

Je l'admets encore, noter chaque petite dépense sur une période de plusieurs mois est un exercice pénible. Je suis paresseux, je déteste faire ce genre de chose. Mais il existe plusieurs logiciels et applications, aujourd'hui, qui peuvent drastiquement alléger ce fardeau. Alors, oui, j'ai déjà pensé que les relevés des dépenses étaient une perte de temps, mais je ne peux argumenter contre une telle réussite. Des personnes m'ont affirmé que compiler leurs dépenses les avait aidées à mieux les contrôler et à les faire de façon plus judicieuse qu'aucune autre stratégie. Un témoignage frappant.

La connaissance, c'est effectivement le pouvoir.

Maintenant, je m'en vais au A&W m'offrir un Teen Burger qui me rapportera un nombre infini d'unités de plaisir. Et qui sera plus que digne d'une folie.

ET PLUS ENCORE

Les commentaires de mes premiers lecteurs sur les chapitres précédents ont été fort instructifs. Environ 25 % d'entre eux ont répondu qu'ils avaient déjà utilisé un relevé des dépenses et juraient de leur efficacité, et 25 % étaient prêts à l'essayer. Les 50 % restants ont poliment vanté le concept, mais ont rapidement changé de sujet, apparemment non convertis. Je vais devoir dépoussiérer mes talents de persuasion pour les convaincre.

Parmi ceux qui ont établi des relevés de dépenses, il est intéressant de constater que c'est toujours les montants totaux de ces trois catégories qui étonnent le plus : 1) voiture ; 2) repas au restaurant ; et 3) petites dépenses.

Il est important de noter que ces catégories ne sont pas toujours celles où les gens dépensent le plus ou font le plus de folies. Ce sont celles où les gens dépensent au-delà de ce qu'ils croyaient.

« Les gens ne connaissent pas le montant mensuel de leur paiement de voiture ? » me demanderez-vous. Eh bien, oui, mais quand
ils possèdent deux voitures financées par un emprunt, ils omettent
souvent d'additionner les deux paiements pour obtenir le total
mensuel réel. Incroyable mais vrai. De plus, avant cet exercice, ils
n'avaient jamais calculé le montant total de leurs paiements mensuels avec leurs primes d'assurance, les frais d'entretien et l'essence.
Quand ils l'ont fait, ils ont été très surpris.

Nous savons tous qu'une voiture coûte cher, mais peu de gens
semblent réaliser à quel point, en effet, c'est très, très cher !

« On va au resto ? » semble être devenu notre nouvel hymne
national. Par contre, les gens sous-estiment à quel point ils l'en-
tonnent souvent. En fait, après avoir terminé leurs relevés de
dépenses, plusieurs personnes protestent : « Il doit y avoir une
erreur, le montant des repas aux restaurants ne peut être le bon,
nous n'y allons presque pas. » Mais les chiffres ne mentent jamais.

À propos, je suis une personne qui mange constamment au
restaurant. Je suis capable de cuisiner un seul repas : des céréales
avec du thé. Forcément, je mange souvent à l'extérieur. En fait,
je mange, seul, de cinq à sept fois par semaine au Daily Grill de
Waterloo. Oui, je sais, c'est pathétique ! Mais, hé, cette petite publi-
cité m'a valu un déjeuner gratuit.

Stupéfaits ! C'est la seule manière de décrire les réactions des
gens devant le montant total de leurs « petites dépenses ». Personne,
et je veux vraiment dire personne, ne peut s'imaginer à quel point
les achats de moins de 20 $ peuvent s'accumuler. Des magazines aux
capuccinos, en passant par les balles de golf, les billets de loterie, les
petites gâteries pour les enfants, les piles, les ombres à paupières…
Je crois que vous comprenez l'idée. Cette liste est infinie.

Il y a quelques années, David Bach, un rédacteur financier
renommé, a inventé l'expression « facteur *latte* ». Il suggérait qu'en
réduisant ces petites dépenses, surtout celles qui sont liées à nos
habitudes quotidiennes, les gens pourraient économiser des montants impressionnants. Curieusement, des journalistes financiers
ont critiqué son conseil, arguant que personne n'avait jamais créé

de richesse en épargnant juste quelques dollars à la fois et, en plus, qui était David Bach pour nous dire à quelles tentations nous pouvons céder ou pas?

Incroyable! J'ai été soufflé de voir à quel point ces soi-disant experts financiers étaient déconnectés. Personne n'a jamais créé de richesse en épargnant juste quelques dollars à la fois? Ils blaguent? C'est exactement de cette façon que les gens atteignent leurs objectifs financiers : un dollar à la fois. Ils se paient en premier, et ensuite ils vivent selon leurs moyens en surveillant prudemment – pas de manière obsessive, prudemment – leurs dépenses, y compris les petites.

Ben Franklin, sans doute l'expert financier le plus sage de l'histoire, résume le tout de façon éloquente : «Faites attention aux petites dépenses. Une petite fuite peut couler un grand navire. »

En outre, Bach n'a pas littéralement dit d'arrêter de boire du café. Il n'a que mis l'adage de nos grands-parents au goût du jour: «C'est avec des *cennes* qu'on fait des *piastres*. » Il ne disait pas aux gens comment dépenser leur argent. Il voulait juste leur rappeler qu'ensemble les petites dépenses deviennent grandes et qu'il faut chercher des solutions pour réduire celles qui n'en valent pas la peine.

Nous en revenons encore au concept de base le plus important quelle que soit la grosseur de la dépense envisagée : est-ce que cet achat en vaut la peine? Investissez votre argent là où il vous donnera le meilleur rendement. Bien sûr, personne, ni moi ni n'importe quel planificateur financier, ne peut vous dire quelles dépenses vous donneront le meilleur rendement. Chacun a ses priorités. George Best, défunt footballeur étoile du Manchester United et fêtard renommé, a parfaitement dépeint cette diversité : «J'ai dépensé beaucoup d'argent en alcool, en filles et en voitures. Le reste, je l'ai gaspillé. » Cette citation me fait rire chaque fois que je la lis.

Lorsque j'ai commencé à étudier les relevés de dépenses des gens, j'ai été étonné de voir comment les bons épargnants, exactement comme les pas très bons épargnants, ont des activités envers lesquelles ils sont indulgents et pour lesquelles ils semblent dépenser de façon excessive. Souvent, il s'agit des voyages. Ou d'un passe-temps comme le golf. Quelquefois, ils partagent ma petite faiblesse pour les repas au restaurant. Les bons épargnants ne sont pas des robots sans passion. Ils trouvent des choses et des expériences (habituellement ces dernières) qui valent la peine de faire quelques folies. Mais ils ont le bon sens et les compétences mathématiques de niveau primaire requises pour reconnaître qu'une dépense supplémentaire à un endroit nécessite de se limiter ailleurs. Il semble que cela ait échappé à plusieurs personnes dans notre société moderne, qui ont plutôt conclu qu'une dépense supplémentaire dans un domaine nécessite d'en financer d'autres.

Manifestement (ou peut-être pas), vous ne pouvez pas tout avoir. Il faut donc faire des choix et des compromis. Et, oui, des sacrifices aussi.

Établissez vos priorités, pensez avant de dépenser et n'achetez pas à crédit pour pouvoir prétendre que vous êtes plus riche que vous l'êtes.

La meilleure façon d'utiliser cette stratégie? C'est ça! Commencez par tenir un relevé de vos dépenses. Je vous en conjure! (Je suis maintenant à court d'arguments pour vous convaincre et j'en suis rendu à l'ultime procédé rhétorique : supplier.)

À propos, ne laissez tout de même pas le contenu de ce chapitre avoir un impact sur le montant que vous dépensez en livres.

LA QUESTION À 64 000 $

Voici la question que je redoute : « Combien dois-je mettre de côté chaque mois pour ma retraite ? »

Pourquoi est-ce que je la redoute ? Eh bien, surtout parce que la plupart du temps la personne hait ma réponse, et j'aime qu'on m'aime. Mais aussi parce que la réponse dépend d'un tas de variables et de beaucoup de suppositions. Il n'y a aucun montant ou pourcentage qui pourrait s'appliquer à tous.

J'aimerais beaucoup qu'il y en ait un.

Retournons à la leçon du premier chapitre : vous devez créer un patrimoine, durant vos années actives, qui vous permettra de vous procurer un niveau de vie suffisant durant votre retraite.

Cela semble simple, n'est-ce pas ? Pas exactement.

À quel âge désirez-vous prendre votre retraite ? À quel âge allez-vous mourir ? En d'autres mots, combien de temps votre épargne devra-t-elle subvenir à vos besoins ?

Quel sera le taux d'imposition quand vous prendrez votre retraite ?

Et l'inflation ? Quelle influence aura-t-elle sur votre pouvoir d'achat à ce moment ?

Combien devrez-vous payer en soins de santé ?

Est-ce que les programmes des gouvernements, comme le Régime de pensions du Canada (RPC), le Régime de rentes du Québec (RRQ), le Programme de la sécurité de la vieillesse (SV), seront modifiés avant que vous ayez eu le temps de recevoir votre premier chèque ?

Quel rendement sur vos investissements pensez-vous obtenir au cours des prochaines années ?

Je n'ai aucune idée de la réponse à ces questions en ce qui me concerne, encore moins en ce qui vous concerne. Personne ne le peut non plus. Oui, certains experts financiers peuvent faire des prévisions et, oui, des logiciels sophistiqués et des applications Internet peuvent utiliser des modèles complexes basés sur des tables actuarielles et des données historiques. Mais soyons réalistes, ce ne sont que des prévisions.

Bon, si vous me promettez de mourir à quatre-vingt-deux ans et d'obtenir 3,9 % sur vos investissements après impôts et inflation, je pourrai estimer les réponses aux autres questions et vous donner un taux d'épargne précis. Mais, s'il vous plaît, n'allez pas ensuite ruiner tout mon travail en ne respectant pas votre parole et en vivant jusqu'à quatre-vingt-dix ans. Votre pauvreté lors de ces dernières années me ferait une mauvaise réputation.

Il est clair que la question « Combien ? » est délicate. Très délicate.

Et il y a d'autres mauvaises nouvelles. L'incertitude sera probablement remplacée par une autre encore plus négative. J'en suis presque certain.

Pourquoi ?

Parce que les gens désirent prendre leur retraite de plus en plus tôt. Et même s'ils ne le souhaitent pas, leurs employeurs, eux, oui.

L'espérance de vie ne cesse d'augmenter et deviendra peut-être exponentielle en raison des découvertes en technologies médicales. Pensez-y, vous serez peut-être marié pendant quatre-vingts ans !

Avec les défis que constituent la situation fiscale et les tendances démographiques du pays (nous allons devoir supporter la retraite et les frais de santé de tous ces satanés baby-boomers), la probabilité de l'augmentation du taux d'imposition est grande.

Et puisqu'il est question des dettes des gouvernements, il est difficile de croire que, avec la façon dont les pays les plus développés se sont endettés pendant de nombreuses générations, les imprimantes à billets de banque ne seront pas poussées à fond, au risque de prendre feu. Et alors l'ennemi numéro un des retraités, l'inflation, reprendra du service.

C'est pour cette même raison que les RPC, RRQ et SV pourraient devenir plus chiches. Si vous pouvez survivre sans, vous le devrez peut-être.

Finalement, même quand la conjoncture est favorable, la plupart des Canadiens ne parviennent pas à obtenir de bons rendements sur leurs investissements tant en raison des coûts très élevés de certains produits financiers que de leur autosabotage psychologique (j'y reviendrai). À l'avenir, nous aurons peut-être à composer avec des marchés boursiers incertains, plombés par des dettes publiques et privées ainsi que par le ralentissement de la croissance économique qui en aura résulté.

Non, Broadway ne tirera pas une version musicale de ce chapitre. Ai-je mentionné que vous pourriez être marié pendant quatre-vingts ans ?

La conclusion : il est impossible de dire combien vous aurez besoin d'épargner chaque mois pour votre retraite, mais c'est probablement plus que ce que vous épargnez en ce moment, et peut-être même beaucoup plus.

Comprenez-vous pourquoi les gens détestent ma réponse ? Je hais moi-même ma réponse.

Mais oubliez-moi ainsi que toutes mes incertitudes et mon pessimisme inhabituel une minute. Qu'est-ce que les autres rédacteurs et experts financiers recommandent ? Quel taux d'épargne suggère l'industrie de la finance ? Que disent les tables actuarielles ?

Étonnamment, ils offrent tous à peu près la même réponse : de 10 % à 15 % de votre revenu brut.

Oui, revenu brut.

Oui, c'est une somme considérable.

Il est indéniable que certains joueurs de l'industrie de la finance ont intérêt à ce que vous épargniez davantage. Hélas, les taux suggérés sont tout à fait appropriés pour un fort pourcentage de la population.

Pourtant, ne vous désespérez pas. Ce n'est pas aussi grave que cela en a l'air. Souvenez-vous : une petite diminution de vos dépenses peut drastiquement augmenter votre taux d'épargne. J'ai, par ailleurs, bon espoir que les chapitres précédents vous aideront à réaliser que cette diminution des dépenses n'a pas besoin d'avoir un effet négatif sur votre bonheur.

En fait, je crois sincèrement que vous serez plus heureux en épargnant plus et en dépensant moins. Et non, je ne suis pas soûl en écrivant ce chapitre.

Marié pendant quatre-vingts ans.

Peut-être qu'après tout j'aurais besoin d'un verre.

QUAND IL FAUT S'Y METTRE

Ce chapitre est très important. S'il vous plaît, ne criez pas : « Enfin ! »

Nous devons examiner une des hypothèses qui nous ont permis de déterminer le taux d'épargne requis. Vous voyez, la plupart des formules qui arrivent à un taux de 10 % à 15 % supposent qu'on aura commencé à épargner dès l'âge de vingt-cinq ans et persisté jusqu'à soixante-cinq ans.

Mais quelquefois la vie vient perturber nos projets.

Alors que faire si vous avez trente-cinq ans et n'avez pas encore commencé à bâtir votre nid d'amour ?

Ou si vous avez quarante-cinq ans et avez commencé à épargner, mais pas au rythme suggéré ?

Il y a seulement deux moyens de rattraper le temps perdu : 1) mettre de côté plus d'argent que les 10 % à 15 % avant impôts recommandés ; ou 2) devenir un brillant investisseur qui déjoue les marchés boursiers et parvient à obtenir un rendement sur investissement drastiquement supérieur à celui des experts. C'est cela : devenez le nouveau Warren Buffett.

Il est probablement plus sage de ne pas compter sur la seconde option.

Oui, commencer à épargner plus tard veut dire épargner des montants supérieurs. Mais de combien supérieurs ? Souvent pas mal.

Hé, ne tirez pas sur le messager ! C'est le pouvoir des intérêts composés. Ou, plus précisément, le pouvoir des intérêts composés perdus. Le coût d'opportunité de l'épargne reportée ne cesse jamais de m'étonner et de punir les adeptes de la procrastination.

L'exemple suivant est très éclairant, mais aussi un peu déprimant. Il est similaire à ceux que vous trouverez dans tous les autres livres de planification financière, dont *Un barbier riche*, mais il a un avantage souvent négligé.

Deux frères ouvrent une entreprise de serrurerie à vingt-cinq ans. Les affaires vont bien dès le départ et Martin, le frère traditionnellement le plus responsable, commence à cotiser 8 % de son revenu de 50 000 $ à son REER, soit 4 000 $ par année. Il a suivi son programme pendant dix ans et, par la suite, il a inexplicablement acheté des billets de saison des Maple Leafs et il n'a plus jamais mis d'argent de côté. C'est fou.

Son frère, Simon, a fait la fête pendant un moment et n'a commencé à épargner qu'à trente-cinq ans, comme par hasard l'âge auquel Martin a cessé. Malgré cela, Simon a continué de cotiser 4 000 $ à son REER chaque année, pendant trois décennies. Les deux portefeuilles ont réussi à rapporter un rendement composé annuel de 8 %, en moyenne.

Quand Martin aura soixante-cinq ans, son REER vaudra 629 741 $ alors que celui de Simon vaudra seulement 489 383 $.

Un partisan des Maple Leafs peut gagner, pour une fois.

Simon a pourtant épargné trois fois plus d'argent. Et il a épargné pendant trente ans alors que Martin a épargné pendant dix ans. Mais simplement parce que Simon a commencé dix ans plus tard, ce qui ne semble pas très important sur une période de quarante ans, il a terminé avec un plus petit capital.

C'est injuste.

Maintenant, reprenons notre exemple. C'est ici qu'il devient intéressant.

Imaginons que Martin est resté sain d'esprit et a plutôt décidé de regarder les Sénateurs à la télé et continué d'épargner 4 000 $ par an. Logiquement, il aurait dû finir avec 1 119 124 $. Comment en suis-je arrivé à ce montant ? En additionnant 629 741 $ et 489 383 $, car on sait que c'est ce que son frère a reçu pour avoir épargné pendant les trente années suivantes.

Hum. Maintenant Martin termine avec 2,29 fois plus d'argent que Simon. Aïe.

La façon la plus percutante de représenter tout cela ? Parce que Simon a commencé à épargner dix ans plus tard, il doit maintenant épargner 2,29 fois plus, tous les mois, pour rattraper le temps perdu sur son frère. C'est environ 9 150 $ par an, plus de 18 % de son revenu de 50 000 $.

Pas impossible, mais difficile. Et que serait-il arrivé si Martin avait plutôt épargné le montant recommandé de 10 % à 15 % plutôt que 8 % ? Eh bien, Simon aurait versé des torrents de larmes.

Je pourrais aussi vous donner un exemple utilisant un retard d'une période de vingt ans, mais je ne veux pas que personne pleure en lisant mon livre.

J'admets que j'ai omis de calculer l'inflation et que le rendement élevé de 8 % a influencé le calcul, mais je crois que vous comprenez.

Commencez à épargner maintenant. Ne tardez pas. Les téléphonistes attendent votre appel !

Étrangement, quelques économistes et mathématiciens ont soutenu l'idée d'*intentionnellement* ne pas épargner lors de notre entrée sur le marché du travail parce que notre revenu est bas et que les coûts pour nous établir sont élevés. Ils suggèrent de concentrer nos efforts lorsque, à mi-carrière, nos liquidités augmentent et nos frais se stabilisent.

N'écoutez pas ce conseil. Il peut sembler génial en théorie, mais en pratique il ne l'est pas. Premièrement, les frais ont la manie de ne jamais devenir stables. Deuxièmement, la plupart des gens n'arriveront pas à faire la transition le moment venu. Prendre l'habitude d'épargner de gros montant alors qu'on ne l'a jamais fait ne se concrétise pas automatiquement. Psychologiquement, ce n'est pas réaliste. Finalement, les chiffres ne concordent pas. Suis-je en train d'affirmer que les mathématiciens ne savent pas compter ? Oui. Et, avant de lever les yeux au ciel, sachez que William Bernstein, un des auteurs les plus intelligents et respectés du monde de la finance, qui est aussi un ancien neurologue, est d'accord avec moi. En fait, il est un critique encore plus virulent que moi quant à l'approche du « épargnez plus tard, mais beaucoup ».

Maintenant, je range mon épouvantail ; ne paniquez pas si vous êtes l'un de ceux qui ont pris du retard. J'ai rencontré plusieurs personnes qui ont réussi à rattraper le temps perdu. Armand Meilleur l'a conseillé dans *Un barbier riche* : « Le meilleur temps pour planter un chêne, c'était il y a vingt ans. L'autre meilleur moment, c'est aujourd'hui. » Barbier stupide. Le deuxième meilleur moment, c'était il y a dix-neuf ans, mais son affirmation reste pertinente.

Les mathématiques le prouvent : la procrastination est votre ennemie. Épargnez dès maintenant. Et épargnez beaucoup.

Quand je rencontre des gens qui ont épargné suffisamment tout au long de leur vie, je peux déceler plusieurs traits communs : 1) ils se sont payés en premier ; 2) ils ont commencé tôt ou alors ils ont compensé en augmentant leur taux d'épargne ; et 3) la gestion de leur crédit suit l'approche exposée dans le chapitre « Sans dette ! ».

Et voilà.

Ce n'était rien de particulièrement imaginatif. Il n'y a pas de technique compliquée.

Se passer la soie dentaire, faire de l'exercice et épargner.

Du gros bon sens et un peu de discipline.

« CE N'EST PAS POUR MOI ! »

Maintes fois, des personnes ont tenté de m'expliquer, en général avec beaucoup de passion, pourquoi elles n'avaient pas besoin d'épargner autant que les experts le recommandent.

Curieusement, dans bien des cas, elles avaient raison. Je suis convaincu que vous pensiez que j'allais dire le contraire.

Pour comprendre pourquoi, il est important d'examiner l'hypothèse de base utilisée par la plupart des experts pour calculer le taux d'épargne requis : vous aurez besoin de 60 % à 70 % de votre revenu moyen des dernières années de votre vie active pour avoir une retraite agréable.

Est-ce que ce taux est approprié pour tout le monde ? Nous sommes tous tellement différents. Bien sûr qu'il y a des exceptions. Étonnamment, par contre, mon expérience avec les retraités et la recherche formelle démontrent toutes deux que ces exceptions sont rares.

Le principe des 60 % à 70 % est très solide.

Certains experts financiers soutiennent que nous devrions cibler un revenu de retraite *égal* au revenu de nos dernières années de vie active. Cent pour cent. Je crois qu'il faut se donner des objectifs ambitieux, mais ce n'est probablement pas nécessaire ni très réaliste pour la plupart des gens.

Souvenez-vous, à la retraite, un nombre considérable de dépenses liées à votre travail auront disparu. Les enfants seront partis de la maison. Ils seront revenus et repartis encore, pour de bon (espérons-le). L'hypothèque et les autres dettes auront été remboursées. Le coût des vêtements sera réduit et les frais de déplacement s'arrêteront. Et, chose fréquemment oubliée, plus besoin de mettre de l'argent de côté pour la retraite. Vous y êtes !

Franchement, si vous ne pouvez pas vivre avec 60 % à 70 % de vos revenus de préretraite dans cette situation, aucun livre ne pourra vous aider.

Le RPC, le RRQ et la SV auront un rôle à jouer, mais les mathématiques nous apprennent que nous devrions amasser un capital capable de produire un revenu d'environ 50 % à 60 % de celui que vous gagniez dans les années précédant votre retraite.

Ah, mais si vous avez un régime de retraite à prestations déterminées ? Ne garantit-il pas vos revenus de retraite et ne réduit-il pas le besoin d'épargner ?

Oui, et probablement de façon considérable. Alléluia !

Le nom de ces régimes provient du fait que leurs prestations sont déterminées à l'avance. (Quelle information stupéfiante !) Mais par quoi sont-elles déterminées ? Une formule. Leurs spécificités varient d'un régime à l'autre, mais votre revenu de retraite sera essentiellement basé sur le nombre d'années de service, généralement sur le revenu de vos dernières années de travail, et les contributions seront déterminées par votre promoteur de régime. Dans la plupart des cas, il s'agit de votre employeur, mais il est possible que ce soit aussi votre syndicat ou une compagnie d'assurances.

Certains de ces régimes sont des rêves de planification financière devenus réalités.

Par exemple, une de mes amies verra son régime lui payer 1,5 % de sa dernière année de salaire pour chaque année travaillée pour la compagnie. Si elle passe toute sa carrière à cet endroit, disons quarante ans, son régime lui paiera 60 % de son revenu de la dernière année de travail. Et elle n'a aucune déduction sur sa paie !

C'est génial, n'est-ce pas ? Même sans avoir à mettre un sou additionnel de côté, ni à gérer ses investissements, elle aura les 60 % désirés. Oubliez les cotisations au REER, elle n'a même pas besoin d'apprendre à épeler ce mot.

Je sais ce que vous pensez : *La chanceuse, elle n'est pas obligée de lire ce livre ennuyeux.* Quels impolis vous êtes !

Plusieurs régimes à prestations déterminées ne sont pas aussi généreux que celui que je viens de décrire. Environ seulement 40 % du revenu d'un employé lui reviendront à la retraite en prestations. Cette personne devra épargner davantage et apprendre les rouages des divers types d'investissements comme nous tous, pauvres âmes qui n'ont aucun régime de retraite. Combien épargner ? Eh bien, dans ce cas, probablement environ de 4 % à 5 % de son revenu avant impôts. Mais chaque situation est différente. Si vous êtes membre d'un régime de retraite à prestations déterminées, comptez-vous chanceux, mais courez vite au service des ressources humaines pour en obtenir tous les détails. Avec l'aide de votre conseiller financier et d'une application Internet, vous devriez pouvoir calculer votre taux d'épargne requis. Ensuite, multipliez-le par 1,2, juste pour être sûr. Je ne blague pas.

Bien sûr, la plupart d'entre nous ne vont pas travailler pour la même compagnie toute leur vie. Je ne devrais pas avoir à dire ça, mais je sais d'expérience que je le dois : si vous n'êtes pas membre d'un régime de retraite à prestations déterminées, vous allez devoir nous rejoindre au royaume de l'épargnant. À elles seules, douze années travaillées pour une entreprise qui offre le meilleur régime à prestations déterminées ne suffiront pas à vous assurer une retraite confortable. Désolé.

Puisqu'il est question de passer d'un emploi à un autre, faites attention aux clauses de départ précoce. Vous deviendrez le propriétaire légal de vos contributions et de leurs bénéfices seulement après cinq années de travail à temps plein, selon votre province de résidence. Quitter volontairement l'entreprise avant de devenir le propriétaire de vos contributions peut représenter une décision coûteuse. Renseignez-vous sur les détails de votre régime et reconnaissez que, quelquefois, il est payant de souffrir quelques mois.

Il existe un préjugé répandu à propos des régimes de retraite à prestations déterminées, que j'ai besoin de clarifier. Plusieurs personnes pensent que les employés n'ont pas de contributions à faire à leur régime. Ce n'est pas toujours le cas. Souvent, les participants ont des déductions significatives sur leur chèque de paie pour aider à financer leur régime. En fait, on pourrait même dire que les employés font les contributions de l'employeur. Cela semble insensé, mais pensez-y, toutes les contributions font partie des avantages salariaux, qui doivent être suffisamment compétitifs pour attirer les bons employés. Au lieu de prendre tous les avantages salariaux en revenu, les employés en acceptent sous forme de régime de retraite à prestations prédéterminées. Bonne idée. De l'épargne forcée, déductible d'impôts.

L'envie que ressentent beaucoup d'entre nous pour ce type de régimes se transforme souvent en colère envers ceux qui en ont un. C'est injuste et improductif.

Cette colère est particulièrement courante à propos des régimes du gouvernement. Oui, ils offrent des avantages généreux. Et oui, ils vont coûter très cher à l'État pendant les prochaines décennies. Et encore oui, il y a un énorme fossé entre les privilégiés qui en ont et les malheureux qui n'en ont pas. Et, oui, j'aimerais beaucoup en avoir un, moi aussi.

Mais, dans la réalité, je n'en ai pas, alors il vaudrait mieux que j'épargne beaucoup. Nous ne devrions pas être fâchés envers les employés du gouvernement. Ils négocient ces régimes de retraite en tant qu'avantage salarial. Changer ces avantages maintenant reviendrait à les forcer à payer pour les années de travail passées.

Blâmez la gestion des gouvernements et de leurs actuaires, pas les employés! Ces régimes sont très onéreux à financer, et la responsabilité de faire fructifier cet argent revient entièrement au gestionnaire de la caisse de retraite. Durant les périodes où les taux d'intérêt et les rendements sur les marchés boursiers sont bas, *très* onéreux peut devenir *incroyablement* onéreux.

Cela dit, pour les participants, les régimes de retraite à prestations déterminées du gouvernement sont fantastiques. Je les adore! Est-ce que je conseillerais à mes enfants de choisir leur carrière afin d'avoir accès à l'un d'eux? Bien sûr que non. Je leur conseillerais par contre de choisir un conjoint qui en a un.

Je blague. À moitié. Non, je ne blague pas.

J'ai peut-être été trop sévère à propos des mariages entre enseignants. Bien joué!

« CE N'EST PAS POUR MOI
NON PLUS ! »

« Hum, même si je ne suis pas membre d'un régime de retraite à prestations prédéterminées, il doit pourtant y avoir d'autres raisons qui me permettraient de ne pas avoir à épargner de 10 % à 15 % de mon revenu avant impôts. Quelque chose ? N'importe quoi ? »

Vous avez de la chance.

Il y a en effet quelques raisons légitimes d'épargner moins que le taux prévu. En fait, il y a de nombreuses raisons illégitimes aussi, mais la plupart d'entre nous les connaissent déjà.

Ceux qui gagnent un revenu élevé, et spécialement ceux qui gagnent un revenu très élevé, sont dans une situation particulière. D'un côté, leurs grandes liquidités devraient leur permettre d'épargner de 10 % à 15 % de leur revenu assez facilement. D'un autre côté, ils peuvent se permettre d'épargner un taux inférieur au taux suggéré, car ils n'auront souvent pas besoin de 60 % à 70 % du revenu de leurs dernières années de travail pour jouir d'une retraite enviable. Deux professionnels dont les revenus combinés atteignent 400 000 $ par an n'auront probablement pas besoin de 265 000 $ annuellement pour être heureux. Il y en a quelques-uns, vous savez qui vous êtes, mais la plupart, non.

Pourquoi ? Premièrement, parce que 265 000 $, c'est beaucoup d'argent. C'est plus de 22 000 $ par mois ! Deuxièmement, la plupart des gens ayant un revenu très élevé consacrent un montant supérieur à la normale pour des dépenses qui disparaîtront à la retraite. Les paiements de l'hypothèque de la maison de campagne. L'école privée des enfants. Les frais universitaires des enfants. Les leçons d'équitation des enfants. La psychothérapie des enfants qui ont fini par développer le sentiment que tout leur est dû.

Néanmoins, je crois que ces hauts salariés devraient mettre au moins 10 % à 15 % de leur revenu de côté. Épargnez quand c'est possible. On ne sait jamais ce qui peut arriver. Un divorce, de mauvais rendements sur les investissements, une perte d'emploi, un autre divorce… La chance ne dure pas éternellement. Il peut être difficile de garder cela à l'esprit pendant les années fastes, mais les turbulences récentes nous prouvent que c'est bel et bien vrai. Comme Ben Franklin l'a conseillé : « Épargnez pendant que vous le pouvez ; aucun soleil du matin ne dure toute la journée. »

De plus, comme je l'ai mentionné, il n'est pas difficile de mettre de côté une bonne partie de vos revenus quand vous gagnez un salaire dans les six chiffres.

Ou, en tout cas, cela ne devrait pas l'être. Mais comme mon économiste préférée, Sherry Cooper de la BMO, le fait remarquer, il y a de nombreux hauts salariés qui n'épargnent même pas 5 % de leurs revenus. Ils confondent salaire élevé et richesse et, ironiquement, cette confusion les empêche de transformer leur revenu en fortune.

Il est crucial de comprendre que la richesse provient de l'épargne et non des revenus. Et quelqu'un qui soutient que revenu et épargne sont parfaitement corrélés n'a manifestement jamais examiné les finances personnelles de beaucoup de gens. Les hauts salariés sont souvent plus susceptibles de céder aux pressions décrites dans les chapitres « Consumé par la consommation » et « Mise à jour du statut ». Sauver les apparences l'emporte fréquemment sur l'épargne.

Plusieurs experts font aussi remarquer que les gens ayant un revenu très bas n'ont pas non plus besoin d'épargner de 10 % à 15 % de leurs revenus. Ils notent qu'un fort pourcentage de leur salaire préretraite sera remplacé par le Régime de pensions du Canada, le Régime de rentes du Québec, le Programme de la sécurité de la vieillesse et, dans certains cas, le Supplément de revenu garanti. En fait, quelquefois, ces paiements à eux seuls totaliseront plus de 70 % des revenus préretraite des bas salariés. Le problème, c'est qu'il s'agit de 70 % d'un chiffre modeste associé à un mode de vie de subsistance. De plus, les gens ayant un revenu peu élevé n'ont pas tendance à diminuer leurs dépenses à la retraite autant que les hauts salariés. Ils sont souvent locataires et vont continuer à payer leur loyer à la retraite. Et peu d'entre eux pourront dépenser leur épargne car, pour de bonnes raisons, ils n'auront pas été en mesure de mettre de l'argent de côté. Manifestement, la survie l'emporte sur l'épargne. Il n'y a pas de réponse facile pour eux, j'en ai bien peur.

Quelques éminents actuaires ont récemment soutenu que certaines personnes pouvaient épargner moins que le taux suggéré, car leur mode de vie modeste ne requerra pas un revenu très élevé. Ils font remarquer également que plusieurs personnes ayant des revenus de retraite de seulement 50 % de leurs revenus préretraite ont ajusté leur train de vie en ce sens et semblent souvent plutôt heureux.

En tant que promoteur de l'épargne à tout prix, je trouve pénible d'avoir à avouer que c'est vrai. Je ne peux pas faire l'hypocrite, car je suis de ceux qui croient que notre bonheur n'est pas du tout lié à nos dépenses. Moins de consommation ne veut pas nécessairement dire moins de plaisir.

Néanmoins, il est aussi vrai qu'il y a un bon nombre de personnes dans cette situation qui ne sont pas heureuses. Elles ne peuvent pas se permettre de voyager, de gâter leurs petits-enfants ou de pratiquer leurs activités favorites.

Ces personnes sont constamment angoissées à propos de leur situation financière précaire et, sans marge de manœuvre, elles sont inquiètes de l'effet de l'inflation ou de vivre «trop longtemps».

Soyez prudent. Dans vos années actives où vous devriez épargner, spécialement en début de carrière, il est impossible de savoir avec certitude quelle sorte de mode de vie vous voudrez lors de votre retraite. Il vaut mieux supposer que vous serez comme la majorité d'entre nous et que vous aurez besoin de 60 % à 70 % de vos revenus préretraite.

Finir par avoir plus d'argent que vous en aurez besoin au moment de votre retraite n'est pas le pire des problèmes. Pas assez, par contre, eh bien…

La dernière raison pour éviter d'appliquer la règle des 10 % à 15 % est aussi une exception à une mise en garde précédente. À l'occasion, certaines personnes savent, au-delà de tout doute raisonnable, qu'elles hériteront d'une tonne d'argent avant ou au début de leur retraite. Par exemple, il y a dix ans, après une conférence, une jeune femme est venue me voir pour me décrire sa situation : «Je sais que vous dites que nous devrions tous épargner, mais mon grand-père est très malade et n'en a plus pour longtemps à vivre. Il a récemment vendu sa compagnie, et ma part de la succession sera d'environ 15 millions de dollars. Que devrais-je faire ?»

Nous sommes mariés depuis neuf ans maintenant.

Je blague, bien sûr. Elle a dit non.

Sérieusement, je lui ai conseillé de continuer à dépenser tout son salaire… Et même plus. Et vous pensiez que j'étais obsédé par l'épargne et non un homme amusant. C'est faux.

Il est cependant important de répéter que très peu d'entre nous vont hériter d'une énorme somme d'argent. Une grande incertitude à propos des héritages est la norme.

À propos, un de mes éditeurs veut savoir quelle sorte de *geek* a un économiste favori.

Je crois que je vais égarer sa facture.

FONDS D'URGENCE

Beaucoup d'idées dans le monde des finances personnelles semblent géniales en théorie et paraissent logiques et bien réfléchies sur papier, mais ne fonctionnent pas dans la vie réelle.

Pièce à conviction numéro un : les fonds d'urgence.

Les rédacteurs financiers adorent ce genre de chose. Et pour une bonne raison. Nous vivons présentement dans une économie incertaine et imprévisible. Des malheurs surviennent. Quel idiot ne recommanderait pas d'épargner de six à neuf mois de salaire après impôts pour survivre aux périodes difficiles ?

Cet idiot.

Pourquoi ? Parce que, depuis trente ans, je vois des gens, même parmi les plus disciplinés, étirer leur définition du mot « urgence » lorsqu'ils veulent intensément quelque chose et qu'ils ont l'argent pour se le procurer.

Peu de fonds d'urgence résistent à la tendance innée de la société à rationaliser. Nous sommes capables de nous convaincre de tout si le résultat est la gratification d'un plaisir immédiat.

Trop souvent, j'ai vu la situation suivante (et même pire!) se produire dans la vraie vie.

UTILISATION DU FONDS D'URGENCE	RATIONALISATION	VÉRITÉ
Voyage à Cancún	« Martin est tellement stressé au travail, il a besoin de s'évader. Il en reviendra en forme et prêt à rebondir. Oui, c'est cher, mais peut-on mettre un prix sur la santé ? »	Martin veut faire la fête.
Spa	« Je crois sincèrement que le spa nous permettra d'économiser de l'argent. On passera plus de temps à la maison et nous n'aurons pas besoin d'acheter de piscine. En plus, Martin aime beaucoup inviter nos voisins. Peut-on mettre un prix sur le bonheur ? »	Martin veut faire la fête.
Finition du sous-sol	« Les enfants nous rendent fous. Notre salon est comme un centre d'accueil. Nous avons besoin d'un espace pour recevoir nos amis. Ouais, c'est plus cher que ce que nous avions planifié, mais peut-on mettre un prix sur l'amitié ? »	Vous avez deviné : pour avoir du bon temps, appelez Martin.

Je n'ai aucun problème avec Martin personnellement. En fait, j'aimerais bien être son voisin. J'ai cependant un problème avec sa planification financière.

Tous les livres disent qu'accumuler un capital de plusieurs mois de salaire devrait être une priorité. Et qu'ensuite seulement nous devrions cotiser à notre REER ou à tout autre véhicule de placement qui nous permettrait d'atteindre nos objectifs financiers à long terme.

Le problème, c'est qu'une vaste majorité de gens ne réussissent jamais à atteindre cet objectif avant que les fonds soient détournés vers une urgence pas très urgente. Ils font comme Martin et doivent recommencer le processus. Encore et encore...

Pendant ce temps, leur REER est en état d'attente perpétuelle.

Mon propre conseil dans *Un barbier riche* était franchement pire que celui que je critique présentement. Je soutenais que, au lieu d'épargner pour accumuler un fonds d'urgence, les gens n'avaient qu'à avoir une marge de crédit au montant approprié. De cette façon, ils pouvaient diriger leur épargne vers des placements qui offraient des rendements plus élevés, étaient exempts d'impôts et leur permettaient d'éviter de céder à la tentation qu'offre un compte de banque bien garni.

Oups! Nous avons vu comment beaucoup d'entre nous gèrent leurs marges de crédit.

C'est drôle mais, même après tout ce temps passé à étudier les planifications financières des gens, je ne sais toujours pas quelle attitude adopter à propos des fonds d'urgence.

Plusieurs experts s'entendent pour dire qu'attendre d'avoir amassé un fonds d'urgence avant de cotiser à un REER est totalement déraisonnable. Ils nous poussent à faire les deux simultanément. Prudent, j'en conviens. Réaliste? J'en doute.

Une stratégie peu banale que certaines personnes utilisent avec succès est d'avoir une marge de crédit où une deuxième signature est requise pour accéder aux fonds. Un parent ou un ami ultraresponsable est recruté et mandaté pour n'autoriser aucun emprunt à moins que le détenteur n'ait perdu son emploi ou n'ait subi un coup dur légitime. Les tiers ont heureusement tendance à avoir une définition plus stricte du mot «légitime». Bien sûr, cette stratégie est loin d'être parfaite. Impliquer une autre personne complique toujours les choses. Et, soyons honnêtes, l'idée de demander à quelqu'un de cosigner pour une marge de crédit dans laquelle vous ne puiserez que si vous êtes financièrement désespéré peut être difficile à vendre. Dans ces circonstances, cette personne se retrouvera peut-être dans le pétrin.

Peu importe la stratégie que vous utiliserez, votre sécurité d'emploi et votre situation financière globale devraient vous permettre de déterminer quel montant votre fonds d'urgence devrait contenir. Manifestement, deux enseignants, mariés (ensemble, je veux dire), sans hypothèque, n'ont probablement pas à s'inquiéter. Un nouveau propriétaire, vivant seul et travaillant à commission dans une industrie hautement compétitive, c'est une autre histoire.

C'est vrai, je l'admets, je n'ai pas été d'un très grand secours ici. Mais je veux clore ce chapitre ainsi : la meilleure façon de se préparer à faire face à une urgence est de vivre selon ses moyens et de garder le contrôle de son taux d'endettement.

Oui, je sais, c'est mon sempiternel refrain, mais abuser du crédit est aussi une forme d'urgence. Une urgence pour laquelle, malheureusement, l'alarme ne sonne que lorsque survient une deuxième crise, et il est alors souvent trop tard.

L'ARGENT, C'EST DU TEMPS

Quand je donne des conseils, lors de conférences ou dans un livre, il est difficile de savoir ce que les gens vont en retenir. Quelques idées que j'aimais beaucoup sont tombées dans l'oreille d'un sourd, ou, plutôt, n'ont pas survécu à l'affrontement avec le public. D'autres, au sujet desquelles j'avais des doutes, ont été mises en pratique et ont fait une différence.

L'adage « Un sou épargné en vaut deux » en est un bon exemple. J'y croyais si peu que je ne lui ai accordé qu'une page dans *Un barbier riche*.

Erreur. J'aurais dû le promouvoir avec plus de force : les gens qui l'ont appliqué ne jurent que par lui.

Souvenez-vous que, quand vous gagnez 2 $ de plus au travail, vous ne conservez réellement que 1 $. Il y a les déductions pour les impôts, le Régime de pensions du Canada, l'assurance-emploi, les cotisations syndicales, les avantages sociaux… Tout cela s'accumule.

Les acheteurs judicieux transforment souvent le coût d'un produit en nombre d'heures à travailler après déductions pour se le procurer. Non seulement exécuter ce calcul accorde le temps nécessaire au «lézard» pour se calmer, mais il permet aussi de prendre conscience d'un concept important : quand nous achetons quelque chose, nous dépensons du temps, pas de l'argent.

Pardon?

Eh bien, si, initialement, nous échangeons notre temps contre de l'argent et qu'ensuite nous échangeons cet argent pour acquérir quelque chose, nous payons donc en temps ce que nous achetons.

Calculez combien vous gagnez à l'heure après déductions et, avant chaque achat, demandez-vous : «Ai-je vraiment envie de travailler X heures pour me payer cela?» Penser de cette façon vous aidera à faire preuve d'un peu plus de retenue et à être plus perspicace.

Cela fera de vous un acheteur plus sage.

Comme Cicéron le faisait remarquer : «La plupart des gens ne comprennent pas à quel point une économie est un revenu formidable.»

EXPÉRIENCE REQUISE

Plus tôt, j'ai affirmé que ni moi ni aucun autre conseiller financier ne pouvions vous dire comment dépenser votre argent. Vous devez suivre vos passions et dépenser votre argent là où il vous rapporte le meilleur rendement. Bien sûr, cela varie énormément d'une personne à l'autre.

Maintenant, je vais me contredire et vous expliquer comment dépenser et ne pas dépenser votre argent, de façon générale, bien entendu.

Dépensez plus en expériences et moins en biens.

Et voilà ! Suivez ce simple conseil et vous serez heureux. Mon expérience et les recherches formelles confirment que vous en aurez plus, psychologiquement, pour votre argent.

Elizabeth Dunn, psychologue sociale et professeure adjointe à l'université de la Colombie-Britannique, a expliqué au *Boston Globe* : « Juste parce que l'argent n'achète pas le bonheur ne veut pas dire qu'il ne le peut pas. Les gens l'utilisent peut-être juste mal. »

Des psychologues, des anthropologues et elle ont établi une théorie intéressante sur le taux de change traditionnellement faible entre argent et bonheur dans notre société : nos connexions, qui datent des temps préhistoriques, nous conduisent à privilégier les objets plutôt que l'expérience, et nous-mêmes plutôt que les autres. La lutte de nos ancêtres contre la rareté et sa principale cousine, la survie, nous ont programmés pour mettre la priorité sur l'accumulation de biens avant tout. Les dépenses qui semblent nous rendre heureux, par contre, suivent un chemin complètement différent. C'est un échange d'argent contre une récompense moins tangible, mais beaucoup plus précieuse : l'émotion, les souvenirs, le bien-être et l'amitié.

Non seulement la plupart des biens que nous achetons en ces temps modernes ne nous aident pas à survivre, mais ils ne nous aident même pas à jouir de la vie. Pourquoi ? Eh bien, la principale raison est notre bon vieil ami : le déclin de l'utilité marginale. Quand nos cellules sensorielles sont exposées continuellement au même stimulus, elles s'ennuient et cessent d'y répondre.

Nos nouvelles cuisinières, montres et voitures passent de « Wow » à « Ouin » à une vitesse remarquable.

Notre étrange réponse habituelle à cette situation ? « Hum, plus de biens ne m'ont pas rendu plus heureux, alors je vais en acheter encore plus. »

Ah, le tapis roulant du matérialisme.

Par ailleurs, plusieurs expériences nous apportent vraiment un bonheur durable. Leaf Van Boven, professeur agrégé en psychologie de l'université du Colorado à Boulder, résume ainsi ses recherches : « Nous trouvons régulièrement des preuves que les expériences rendent les gens plus heureux que les possessions matérielles dans lesquelles ils ont investi. »

C'est plein de bon sens. Premièrement, parce que les expériences ne deviennent jamais banales, elles ne créent pas d'accoutumance. En fait, c'est le contraire : elles nous sauvent de la routine et, par conséquent, nous stimulent.

Elles ont aussi tendance à être sociales par nature, et nous nous sentons plus heureux quand nous partageons de bons moments avec des amis ou des proches. Hé, nous sommes même souvent très heureux de juste revivre (et d'embellir, bien sûr) ces expériences encore et encore. Nous aimons les histoires, et les expériences les créent, et pas n'importe quelles histoires, mais celles, uniques, dont nous sommes les vedettes.

Van Boven a aussi constaté que nous ne comparons pas nos expériences comme nous le faisons avec nos biens. Notre nouvelle télé pourra perdre de son lustre quand notre beau-frère acquerra son cinéma maison de huit places. Mais le bon temps et les souvenirs de nos vacances familiales en Floride ne seront jamais dévalorisés par les vacances de nos voisins à Paris.

Je crois qu'une autre part importante de l'expérience des expériences (pardonnez-moi l'expression) est le plaisir incroyable de les anticiper. Il est motivant et réconfortant de savoir qu'un bon souper au restaurant nous attend à la fin de la semaine. Ou que vous emmènerez votre fils voir sa première partie de hockey le mois prochain. Ou que vous rencontrerez bientôt votre meilleur ami à l'Île-du-Prince-Édouard pour un voyage de golf. J'aime ce genre de chose, ou devrais-je plutôt dire ce genre de non-chose. Imaginer le plaisir à venir est l'un des meilleurs moments de l'expérience. Anticiper les moments agréables *est* agréable.

Soyons clairs. Je ne vous conseille pas de devenir dépensier et de dilapider tout votre argent en expériences. Vous avez toujours besoin d'épargner. Mais avec l'argent que vous pouvez vraiment vous permettre de dépenser, vous devriez ajuster votre ratio biens/expériences.

Je pourrais finir de vous convaincre en vous citant les pensées des plus grands esprits de l'histoire, car de Platon à Churchill, en passant par Franklin et Buffett, ils ont tous eu la sagesse de nous inviter à réfléchir sur ce qui est vraiment important pour nous et de laisser ces réflexions guider nos décisions d'achat.

Néanmoins, ma citation favorite à ce sujet provient de l'autocollant que j'ai vu sur un pare-chocs à Saskatoon : « Les meilleures choses de la vie ne sont pas des choses. »

UN DERNIER RAPPEL

Je reconnais qu'il est extrêmement inapproprié de citer les propos d'un livre dans le même livre, mais quand vous produisez aussi peu de commentaires éclairés que moi, il est important de les répéter :

Un des préjugés les plus nuisibles en finance personnelle est que l'épargne requiert des sacrifices qui diminuent la joie de vivre. Étonnamment, c'est le contraire ! Les gens qui vivent selon leurs moyens ont tendance à être plus heureux et moins stressés. Ce n'est pas seulement vrai pour les raisons les plus évidentes – ils savent que leur avenir financier sera brillant –, mais aussi parce qu'ils ne sont pas consumés par la consommation. Ils ne sont psychologiquement et financièrement pas drainés par la course à l'acquisition de biens matériels supplémentaires. Une course qui, notez-le, n'a aucune ligne d'arrivée ni vainqueur.

Même si j'ai commis mon lot d'erreurs financières, comme vous le verrez dans ce chapitre, tenter d'acheter le bonheur n'en est pas une. Je vis très modestement. Ma maison est de cent vingt mètres carrés sous-sol compris, et je n'ai pas de garage. Je n'en ai aucun besoin, car je n'ai rien à y entreposer. Il y a quelques années, une bande d'ados se sont introduits chez moi pendant que je faisais une série de conférences. Ils ont dû être très déçus. Je m'imagine l'un d'eux se tournant vers un de ses copains pour lui dire : « Retourne à la voiture et rapporte-lui une chaîne stéréo ou autre chose. Le pauvre, il fait pitié ! »

Pourtant, mes amis pourraient vous affirmer que, malgré mon style de vie plutôt humble, je suis l'un des hommes les plus heureux. Fait intéressant, je pourrais même soutenir que mes dispositions à être positif n'existent pas en dépit de mon style de vie modeste, mais plutôt partiellement en raison de ce style de vie.

Je ne me sens jamais angoissé de me comparer aux autres. Je me moque éperdument de ce que les autres possèdent. Je n'ai pas besoin de la dernière nouveauté ou du meilleur modèle. Ma garde-robe prouve que je ne suis pas obsédé par mon image. Quand je ne travaille pas, je me concentre sur les choses les plus importantes pour moi comme suivre mon *pool* de hockey, découvrir les petits amis de ma fille, écraser mon fils au tennis ou encourager mes bien-aimés Tigers de Détroit chez mes parents.

Puisqu'il est question de mon père et de ma mère, ils ont complètement compris. En fait, ils sont plus heureux que je le suis, c'est ennuyeux. Ils n'ont pas de télé à écran plat, de comptoir en granit, d'iPad, de voiture de luxe ni de parquet en bois franc. Malgré cela, miraculeusement, ce sont des personnes positives et équilibrées. Comment est-ce possible ? Ils ne se sont pas encore rendu compte que la société d'aujourd'hui est matérialiste ?

Alors que possèdent-ils ? Eh bien, ils ont une vie sociale active. Une famille qui les aime. Le meilleur chien du monde. Des mots croisés cryptiques. Une dépendance au bridge. Une volonté profonde d'aider les autres. Une provision inépuisable de mini-œufs de Pâques de Cadbury. Une bonne santé. De belles années devant eux. Et ils s'ont, l'un et l'autre (un plus gros actif pour mon père que pour ma mère, devrais-je ajouter). Ils ont aussi une chose que plusieurs de mes amis riches ne posséderont jamais : ils en ont suffisamment.

Jean-Jacques Rousseau, le philosophe suisse, a compris ce qui produit le contentement de mes parents, et bien longtemps avant leur naissance. En 1754, il a soutenu que la richesse n'était pas un absolu mais était plutôt relative aux désirs. Quand nous convoitons des choses que nous ne pouvons pas nous permettre, nous nous appauvrissons indépendamment de notre revenu. À l'inverse, quand nous sommes satisfaits de ce que nous possédons, nous sommes réellement riches.

À propos, mes parents ne sont pas radins. Ils ne sont même pas ce que je pourrais appeler économes. Ils sortent au restaurant, gâtent leurs petits-enfants, font des voyages et achètent même à l'occasion certains produits de luxe. Mais ils vivent selon leurs moyens. Ils contrôlent leurs désirs, non pas grâce à une discipline rigoureuse, car c'est difficile à soutenir, mais en étant conscients d'une réalité qui devrait être évidente à tous : le bonheur provient des relations que nous entretenons avec les autres, de la santé et du fait d'aider son prochain, pas d'un robinet en laiton à 1 000 $.

Le théologien américain Hosea Ballou a d'ailleurs fait remarquer : « Le vrai bonheur est bon marché, et pourtant nous sommes prêts à payer très cher pour son imitation. » Ne commettez pas cette erreur. Devenez comme ma mère et mon père, et vivez bien selon vos moyens ; vous serez plus riche dans tous les sens du mot !

PENSÉES FORTUITES
À PROPOS DES FINANCES
PERSONNELLES

PRINCIPES GÉNÉRAUX

Je dois admettre que cette seconde partie du livre est un peu différente de la première. Je ne sais pas comment la décrire exactement.

Elle part un peu dans tous les sens. En fait, pas « un peu », elle
part vraiment dans tous les sens. Elle contient des problèmes généraux et d'autres plus particuliers. Du gros bon sens et des points de
vue originaux. Des chiffres, de la psychologie. Du superficiel, de la
profondeur. Quelques trucs à faire, d'autres à ne pas faire.

Il s'agit d'un recueil de mes opinions et de mes observations sur
le monde des finances personnelles. Elles ne s'appliqueront certainement pas toutes à chaque lecteur, mais je suis confiant que vous
trouverez la vaste majorité intéressante et qu'ensemble elles vous
aideront à mieux gérer votre argent.

Malgré l'usage du mot « fortuites » dans le titre de cette partie,
il y a quelques principes généraux qui reviendront dans les chapitres qui suivent.

Le premier, c'est qu'une planification financière judicieuse est assez simple, juste une combinaison de bon sens, de produits à la vanille et de principes éprouvés. Je le jure !

Vous n'aurez pas à passer des heures à chercher dans Internet tous les soirs. (Je le fais, mais c'est pour mon *pool* de hockey.)

Vous n'avez pas à posséder des habiletés mathématiques au-dessus de la moyenne. La semaine dernière, j'ai demandé à l'un des investisseurs les plus performants que je connais de me calculer combien faisaient 7^3, et je crois qu'il cherche encore. De son côté, Isaac Newton était reconnu pour être incompétent pour gérer son argent.

Vous n'avez pas à maîtriser l'étrange jargon du monde financier. Oui, il est important de bien connaître quelques termes de base, mais, au-delà de ceux-ci, il n'y a aucune corrélation entre le vocabulaire de quelqu'un et ses aptitudes à gérer ses finances. Il y a plusieurs années, j'ai félicité un ami pour son astucieux plan de retraite. Sa réponse ? « Ouais, mes RSVP sont en feu ! » Hé, amuse-toi, mon frère !

Je suis prêt à admettre que plusieurs produits financiers complexes nous forcent à passer des heures à lire et quelquefois à faire des calculs avancés pour les comprendre. D'autres sont basés sur des suppositions, des algorithmes et des acronymes.

Ils ne fonctionnent pas. Évitez-les.

Léonard de Vinci a affirmé un jour : « La simplicité est la sophistication ultime. » Un homme intelligent ; je suis surpris qu'il n'ait pas accompli plus de grandes choses.

Le deuxième principe récurrent est que la nature humaine est importante. Très importante. Elle nous influence de plusieurs manières dans la gestion de notre argent, et pas toujours de façon positive. Par exemple, pour faire des merveilles, une planification financière requiert de la patience et de la discipline. C'est un gros problème parce que la majorité d'entre nous en sont incapables. Nous sommes facilement distraits et effrayés.

Nous devons prendre en compte nos faiblesses émotionnelles et, dans la mesure du possible, nous protéger contre elles. Même si les conseillers financiers présument que nous nous comporterons toujours de manière complètement rationnelle, nous le faisons rarement.

Recherchez la simplicité et protégez-vous contre vos propres faiblesses.

Des principes généraux qui doivent devenir des pratiques courantes.

UN CHOIX FACILE

> **Conseiller financier éventuel numéro 1**

« Notre modèle nous montre que vous devriez augmenter la part d'actions de votre portefeuille dès maintenant. Nous prévoyons que les marchés émergents capitaliseront sur leur classe moyenne croissante, que les constructeurs d'habitations américains permettront de relancer le marché immobilier et que les ressources naturelles canadiennes participeront à l'envolée du prix des matières premières. Notre économiste est confiant que la banque centrale ne resserra pas sa politique monétaire avant un bon moment et que la crise de la dette européenne est gérable. Même si nous sommes inquiets à propos des prochaines élections allemandes et de l'indice des prix à la consommation, les ventes au détail reflètent une plus grande confiance des consommateurs, ce qui pousse l'économie à progresser. »

› Conseiller financier éventuel numéro 2

« Je n'ai aucune idée de la tendance des marchés à court terme. Pas plus que personne d'autre d'ailleurs. Notre économiste en chef est brillant, s'exprime bien et se trompe plus souvent qu'autrement. Mais il est très bon au golf. »

Courez, ne marchez pas, chez le conseiller financier numéro 2.

Il y a beaucoup de gens intelligents dans l'industrie de la finance. Le problème, c'est qu'un nombre dangereux d'entre eux croient qu'être intelligent est synonyme d'être clairvoyant. C'est faux.

Personne ne sait où en seront les marchés dans six mois, quel sera le taux d'inflation en Chine ou quelle devise connaîtra une hausse.

Cessez d'écouter les gens qui pensent le savoir.

Si le succès de votre planification financière dépend de la réalisation exacte de prédictions, vous avez un problème. La règle, c'est l'incertitude. C'est précisément pourquoi vous devez avoir un portefeuille équilibré et diversifié qui privilégie les résultats à long terme.

Le conseiller financier numéro 1 est peut-être intelligent, mais le numéro 2 l'est plus encore. Beaucoup plus.

UNE RÈGLE INTÉRESSANTE

J'ai entendu parler de «la règle de 72» pour la première fois lors de ma deuxième année d'université. J'aurai encore l'air d'un *geek*, mais j'ai eu le coup de foudre.

La règle est simple :

Nombre d'années requis pour doubler votre montant d'argent	**=** 72 ÷ rendement annuel composé

Alors si votre rendement annuel composé est de 8 %, il vous faudra neuf ans avant de doubler votre montant d'argent (72 ÷ 8).

À 12 %, il vous faudra juste six ans (72÷12)

À 72 %, il ne vous faudra qu'un an. Oups, c'est impossible. Manifestement, vous aurez besoin d'un taux de 100 % pour doubler votre somme en un an.

Hum. Peut-être que la règle de 72 devrait plutôt être nommée « la règle de 72 qui ne fonctionne pas très bien avec les rendements extrêmes ».

Quoi qu'il en soit, la règle nous permet de faire une bonne estimation du temps qu'il faut pour doubler son argent avec un rendement de 2 % à 18 %. Si vous l'appliquez à des rendements plus élevés, vous obtiendrez des résultats délirants. Mais si vous obtenez toujours un rendement annuel composé de plus de 18 % sur vos investissements, c'est moi qui devrais lire votre livre et non l'inverse.

Par contre, je ne suis pas certain que la règle fonctionne pour les rendements de 1 %. Ma calculatrice est brisée et je n'ai pas très envie de faire le calcul manuellement pour savoir ce que représente $1,01^{71}$, surtout que mon émission favorite, *Modern Family*, débute dans dix minutes. La règle générale, toutefois, c'est que si votre argent croît de seulement 1 % par an, il vous faudra vingt ans pour le doubler.

Il y a quelques leçons à retenir de cette règle intéressante.

Mes parents possèdent leur maison depuis quarante-huit ans. Ils l'ont achetée à 19 800 $ et elle vaut maintenant 320 000 $. Cela semble impressionnant, mais voyons ce qu'en dit la règle de 72. Eh bien, la valeur de la maison a commencé par doubler de 20 000 $ pour passer à 40 000 $, ensuite de 40 000 $ à 80 000 $, et encore de 80 000 $ à 160 000 $, et finalement de 160 000 $ à 320 000 $. Ils ont donc doublé quatre fois leur mise en quarante-huit ans, ou une fois tous les douze ans, ce qui correspond à un rendement composé de 6 % annuellement.

Mon père et ma mère ont été très surpris d'apprendre que leur rendement moyen a été de *seulement* 6 %. Il leur semblait que leur rendement aurait dû être beaucoup plus grand. Mais quarante-huit ans, c'est long pour un rendement annuel composé.

Certaines personnes ne sont pas juste surprises quand j'effectue ce genre de calcul pour elles ; elles sont tout bonnement irritées. Elles insistent sur le fait que leur rendement devrait être plus élevé que notre petit raccourci mathématique l'indique. Qui sont ces gens qui vivent dans le déni et qui ont l'audace de mettre au défi ma bien-aimée règle de 72 ?

Les propriétaires de maison, habituellement.

Il y a quelques années, par exemple, un couple âgé m'a expliqué que sa maison, achetée 50 000 $, valait maintenant 200 000 $.

« Un investissement incroyable qui n'a aucun équivalent. Êtes-vous d'accord ? m'a demandé l'homme avec un air de défi.

— Eh bien, ça dépend depuis combien de temps vous l'avez, lui ai-je répondu.

— Quarante glorieuses années ! m'a répondu sa femme.

— Cela donne un rendement annuel de 3,6 % », ai-je calculé en utilisant ma chère règle.

Ils ont doublé leur investissement après vingt ans, et $72 \div 20$ font 3,6. « En plus, ai-je ajouté, vous devriez déduire toutes les dépenses engagées comme les impôts fonciers, les services publics et l'entretien. Et avez-vous déjà dépensé de l'argent en rénovation ? »

À voir l'expression de leur visage, vous auriez pensé que je venais de les frapper en pleine figure. Cette expérience est venue confirmer ce que je savais déjà d'expérience et que je devrais mettre en pratique : ne jamais essayer de discuter rationnellement de mathématiques immobilières avec un propriétaire de maison. Jamais.

La grande leçon à retenir, pourtant, de l'application de la règle de 72, est que de petites différences dans les rendements produisent d'énormes différences sur la richesse créée au fil du temps.

Un « difficile-à-croire » énorme.

Et il est impossible de surestimer l'importance de cette énormité.

Supposons que vous vous cotisez 10 000 $ à votre régime enregistré d'épargne retraite (REER). Vous investissez cet argent sans connaître les principes fondamentaux ni établir de plan précis. Au fil des ans, vous ne prêtez aucune attention aux coûts et, à plusieurs occasions, vous vous laissez influencer par vos émotions. En bref, vous vous conduisez comme la majorité d'entre nous. Vous devriez obtenir un rendement annuel composé de 4 %.

Votre meilleur ami, qui a investi 10 000 $ en même temps que vous, a réussi à utiliser son bon sens et à rester discipliné. Il est parvenu à obtenir un rendement annuel composé de 8 %.

Peu importe, pensez-vous, *il finira avec un peu plus d'argent. Tant mieux pour lui, c'est un bon gars.*

Ce serait vrai si on ne parlait que d'une période d'un an. Vous terminerez l'année avec 10 400 $, et lui, avec 10 800 $. Qu'est-ce qu'une différence de 400 $ entre amis? Il vous invitera probablement à souper, votre douce moitié et vous.

Mais si l'argent était investi pendant dix-huit ans? Vous auriez 20 000 $, car à 4 % il faut dix-huit ans pour doubler votre argent. Lui en aurait 40 000 $! Oui, à 8 %, son argent double tous les neuf ans, il doublera donc deux fois, et 10 000 $ deviendront 40 000 $.

Comment est-ce possible? Vous avez tous deux travaillé fort et fait des sacrifices pour épargner les 10 000 $ initiaux. Vous avez fait preuve d'une force incroyable en vous contraignant à ne pas piller votre propre REER. Bien sûr, vous auriez pu investir plus sagement, mais ce n'est pas non plus comme si votre ami avait réussi à obtenir un rendement spectaculaire à deux chiffres.

Ce n'est pas juste.

Mais il y a pire.

À votre retraite, trente-six ans plus tard, les choses deviennent carrément horribles. Vos 10 000 $ d'origine valent maintenant 40 000 $ (10 000 $ x 2 x 2). Les siens valent maintenant 160 000 $ (10 000 $ x 2 x 2 x 2 x 2).

Vous gardez son chien pendant que lui et sa femme font la tournée des vignobles en Italie pour la deuxième fois en six mois. «Il nous fallait les voir à l'automne», a-t-il expliqué.

Votre amertume confirme l'opinion de l'économiste Charles Kindleberger: «Il y a peu de choses plus perturbantes pour le bien-être et l'estime d'une personne que de voir un ami devenir riche.»

Je fais ce genre de comparaison fréquemment, mais je suis toujours aussi impressionné que l'ancien meilleur ami se retrouve avec autant d'argent. Le plus inquiétant, c'est que je vois constamment des situations similaires dans la vraie vie.

Albert Einstein a déclaré: «La force la plus grande de l'univers est celle des intérêts composés.» Utiliser efficacement ce pouvoir est la clé d'un bon investissement.

De meilleurs rendements, même modestes, font une grande différence à la retraite. Et la règle de 72 le prouve.

L'ILLUSION DE LA RICHESSE

Il y a à peu près dix ans, lors d'un vol entre Toronto et Vancouver, j'ai eu le plaisir d'être assis à côté d'un homme érudit. Il allait rencontrer sa nouvelle petite-fille, et moi j'allais donner une conférence sur l'île de Vancouver.

Quand il m'a demandé ce que je faisais comme travail, je lui ai expliqué que j'utilisais des histoires humoristiques pour tenter d'éliminer l'aspect intimidant de la planification financière.

«Comme le barbier riche? a-t-il demandé.

— Exactement comme lui», ai-je répondu en riant.

Il a souri et a admis qu'il n'avait jamais lu mon livre, mais que ses enfants en parlaient comme d'un objet sacré. (OK, il m'a peut-être dit que mon livre avait fait sacrer ses enfants.)

Nous avons parlé de finances personnelles pendant quatre heures. Oui, je sais que vous êtes en train de prier de ne jamais être assis à côté de moi en avion. Mais c'était son idée.

Il avait son relevé de compte d'investissement avec lui, ainsi qu'un état de ses avoirs nets et de ses liquidités à peu près à jour. Cet homme prenait ses finances au sérieux. C'est pathétique, mais j'étais excité de les examiner.

C'était très impressionnant. Il n'avait peut-être jamais lu *Un barbier riche*, mais il aurait pu l'écrire. Sa femme et lui se payaient en premier, ils avaient accumulé un REER significatif et ils n'avaient plus aucune dette.

Un chiffre pourtant m'étonnait. Il avait évalué sa maison à 100 000 $ seulement. OK, j'adore les petites maisons, mais, quand même, ils habitent Toronto. Vivaient-ils dans un garage ? J'ai ensuite remarqué que leurs impôts fonciers et que les frais des services publics étaient loin d'être bas. Je ne comprenais pas.

« Eh bien, notre maison est évaluée à environ 600 000 $, m'a appris mon nouvel ami, mais nous prévoyons déménager dans un condo d'ici quelques années. Il devrait nous coûter environ 400 000 $. Ce sera notre dernière maison, en passant. Comme les dépenses seront plus élevées en raison des frais de condo mensuels, j'ai alloué 100 000 $ des 200 000 $ restants pour générer un revenu qui couvrira les coûts supplémentaires. Nous avons donc seulement 100 000 $ sur la valeur de notre maison, que nous pourrons convertir en investissement. Est-ce étrange ou sensé selon vous ? »

Parfaitement sensé.

En fait, j'aimerais que tout le monde suive cette logique. Comme la valeur des maisons a augmenté au cours des dernières années, plusieurs Canadiens se sont mis à penser, à tort, qu'ils étaient en meilleure situation financière qu'ils ne le sont en réalité.

Il y a beaucoup de gens qui arrivent à la retraite riches d'une maison, mais pauvres en investissements. « Alors, me direz-vous, ils n'auront qu'à vendre et à déménager dans une plus humble demeure. »

Peut-être. Mais c'est un mythe de penser que tout le monde voudra déménager dans un appartement plus petit à la retraite. Certains y sont prêts, mais d'autres détestent déménager et chérissent les relations d'amitié qu'ils ont développées avec leurs voisins. Leur maison et leur communauté sont devenues une grande part de leur identité.

Ma mère et mon père, par exemple, n'ont aucunement l'intention de déménager avant leur mort (à ce moment, nous insisterons). Ils opteront plutôt pour un soutien à domicile. Le fait que la valeur de leur maison ait augmenté de plus de 300 000 $ n'a aucune conséquence financière pour eux tant qu'ils y vivent.

En fait, c'est faux. Comme le prix des maisons à Kitchener-Waterloo a grimpé, les impôts fonciers et les assurances ont aussi augmenté. Ma mère et mon père devraient souhaiter un recul du secteur immobilier.

Ma sœur et moi serons les vrais bénéficiaires de l'augmentation de la valeur de leur maison. Nous leur conseillons donc souvent de cesser de se faire de nouveaux amis et de rénover leur cuisine.

Même quand les gens déménagent dans une maison moins chère, ce n'est souvent pas l'aubaine dont ils croyaient profiter. Relisez l'histoire de mon voisin de siège. Peu d'entre nous sont prêts à diminuer drastiquement leur mode de vie à la retraite, ou à n'importe quel autre moment d'ailleurs, et nos maisons jouent un rôle majeur dans la définition de celui-ci. Je connais beaucoup de personnes pour qui leur déménagement dans une maison plus modeste ne s'est pas transformé en argent. N'oubliez pas, il faut payer la commission du courtier immobilier, les frais du notaire, le droit de mutation, les frais de déménagement, etc. Ensemble, ils grugent une bonne portion du capital libéré.

Ironiquement, ce sont souvent les gens qui s'entêtent à acheter la plus grosse et la plus coûteuse maison qu'ils peuvent se permettre qui sont souvent dans l'obligation de déménager dans une maison plus petite à leur retraite. Aïe ! Ils prennent alors conscience d'une vérité très banale : vous pouvez vivre dans votre maison ou vous pouvez investir le profit de la vente, mais vous ne pouvez pas faire les deux en même temps.

Comme je le mentionnais plus tôt, je suis pour l'accès à la propriété dans la plupart des cas. Mais une maison, même une maison spectaculaire payée en totalité, ne constitue pas un plan de retraite.

UNE SOLUTION CONTROVERSÉE

Un nombre alarmant de retraités ont des maisons entièrement payées, mais une épargne insuffisante. Même s'ils ont de la difficulté à payer les factures, ils ne veulent pas diminuer leur style de vie.

C'est une situation difficile, mais il y a peut-être un moyen d'avoir le beurre et l'argent du beurre.

Comment? En prenant une hypothèque inversée.

« Qu'est-ce que c'est? » me demanderez-vous. Comme une hypothèque conventionnelle, c'est un prêt consenti aux propriétaires d'une maison ou d'un condo, où la propriété sert de garantie. Mais avec une hypothèque inversée, l'emprunteur n'a pas à faire de paiements, et le prêt n'a pas à être remboursé avant que la propriété soit vendue. C'est une façon d'utiliser le capital de sa propriété sans avoir à déménager.

C'est cependant très onéreux. Premièrement, le propriétaire doit payer pour faire évaluer sa maison et obtenir des conseils juridiques d'un expert indépendant, ce qui est assez standard. Mais il doit aussi payer les frais de clôture de dossier du prêteur, qui dépassent considérablement les 1 000 $. C'est ennuyeux.

Le problème le plus épineux consiste en la rapidité à laquelle les intérêts s'accumulent. Les taux d'intérêt sur les hypothèques inversées sont significativement plus élevés que ceux des hypothèques conventionnelles. De plus, et c'est la clé, l'emprunteur doit maintenant faire face au pouvoir des intérêts composés, qui est maintenant devenu son ennemi plutôt que son ami.

Rappelez-vous la règle de 72. À 5 %, le montant doublera en quatorze ans. À 10 %, eh oui, nous pourrions revoir ce genre de taux, le solde quadruplera dans le même nombre d'années.

Aïe! Pas étonnant que plusieurs professionnels de l'industrie de la finance soient mal à l'aise avec ce produit. Ils ont été entraînés pendant toute leur carrière à utiliser la magie des intérêts composés à leur avantage, et non à la combattre. Ils notent que, si les taux d'intérêt augmentent significativement ou si le marché immobilier ralentit, le capital de la maison pourrait y passer entièrement. «Vous dépenserez l'héritage de vos enfants» est leur refrain commun.

Je pense toujours que les hypothèques inversées peuvent, à l'occasion, constituer une bonne solution pour ceux qui sont riches d'une maison, mais pauvres en investissements.

Franchement, plusieurs retraités doivent s'occuper de leur situation financière et cesser de s'inquiéter de l'avenir de leurs bénéficiaires. Il serait bien, effectivement, de pouvoir laisser de l'argent à votre famille, mais pas si cela implique de vivoter au cours de vos dernières années, d'être dans la misère ou d'avoir à déménager.

Cela dit, quand mon père m'a demandé si ma mère et lui devraient envisager de prendre une hypothèque inversée, je lui ai répondu : «C'est illégal au Canada, papa.» Je blague.

J'ai reçu un appel d'un conseiller l'année passée. Il m'a affirmé qu'il était très hésitant à recommander les hypothèques inversées, mais qu'il reconnaissait qu'il y avait des cas exceptionnels. Une de ses clientes âgées avait reçu un diagnostic de cancer et n'avait que quelques années à vivre. Elle refusait de déménager, mais ne pouvait pas payer les soins à domicile dont elle avait besoin en raison son maigre revenu. Elle voulait aussi aider à payer les frais universitaires de son petit-fils. Au départ, le conseiller a pensé qu'il s'agissait d'un des rares cas où une hypothèque inversée serait idéale, car cela permettrait à la dame de rester dans sa maison et d'obtenir les fonds nécessaires. Malgré tout, après avoir bien réfléchi, il lui a plutôt suggéré d'ouvrir une marge de crédit hypothécaire. Il lui a conseillé de ne retirer de la marge de crédit que ce dont elle avait besoin et de servir les intérêts à même celle-ci. L'idée semble saugrenue à première vue, mais elle est sensée. Les frais juridiques et les intérêts seraient plus bas que ceux d'une hypothèque inversée.

J'admets que les hypothèques inversées ont plusieurs désavantages et qu'elles ne devraient pas être utilisées avant d'avoir évalué toutes les autres possibilités. Et même quand les hypothèques inversées semblent appropriées, une marge de crédit hypothécaire est souvent une meilleure solution. Mais ne les écartez pas, elles sont une solution possible à un problème trop commun.

Une dernière chose : si on se fie aux publicités qu'on a pu voir au Canada et aux États-Unis, il semble que, pour être admissible à une hypothèque inversée, une personne âgée doit être très belle, posséder un golden retriever et un jardin de roses.

DES ESPOIRS ANÉANTIS

Un de mes amis, Dave Knapp, m'a demandé une fois si les courses de chevaux pouvaient faire partie d'une planification financière.

Non.

Il y a plusieurs années, j'ai convaincu quelques amis, qui étaient plutôt sceptiques, d'acheter un cheval Standarbred. C'est la race de chevaux qui font la course attelés, au trot ou au pas.

Nous étions dix-huit, et chacun de nous a investi 2 500 $. Nous avons dépensé la plus grande part des 45 000 $ amassés pour acheter un cheval américain, Dash Lauxmont, et anticipions de couvrir ses dépenses courantes avec le reste.

Dash s'est cassé la patte le jour où nous l'avons acheté. Sans blague.

Nous savions qu'il s'agissait d'un animal fragile. Nous étions parfaitement conscients des risques élevés de blessure. Mais, quand même, le premier jour ? Ce n'est pas sérieux !

L'entraîneur du New Jersey m'a annoncé la mauvaise nouvelle au téléphone.

«Dave, je ne sais pas comment vous dire ça, mais Dash piétinait dans la remorque et s'est claqué le canon. Ce n'est pas bon... Pas bon du tout.

— Eh bien, Brad, ai-je répondu calmement, c'est horrible, mais surtout pour le cheval, car nous sommes couverts financièrement. Comme vous me l'avez conseillé, j'ai assuré Dash ce matin après vous avoir parlé.

— Malheureusement, l'assureur ne nous remboursera que si Dash est mort.

— Tuez-le, ai-je suggéré. N'est-ce pas ce qu'on fait dans ce genre de situation?

— Non, a répliqué Brad, on ne fait plus ça maintenant, sauf si le cheval ressent une douleur permanente et s'il est inhumain de le laisser souffrir. Nous allons le soigner, mais il ne pourra probablement jamais courir de nouveau.

— Tuez-moi, alors», l'ai-je supplié.

J'étais dévasté et embarrassé. Pour une bonne raison. J'avais récolté les chèques des investisseurs la veille. Comment pouvais-je leur annoncer que j'avais perdu la majeure partie de leur investissement en vingt-quatre heures? Pas de pari double. Aucun revenu. Pas de Little Brown Jug[1]. Rien.

«Ne perdez pas espoir, a tenté de me consoler Brad. Nous allons envoyer Dash à Kawartha Downs. Je connais des entraîneurs là-bas qui le feront travailler en piscine. Nager pourrait l'aider. C'est le même mouvement que courir, mais il ne met aucune pression sur la blessure. Je ne peux pas vous assurer que ça va fonctionner, mais qui sait?»

Même la vision de Dash en maillot de bain n'a pas réussi à m'enlever de l'esprit que je devais appeler mes amis. J'ai donné mon approbation.

Des mois ont passé, pendant lesquels je n'ai reçu aucune nouvelle. Dash s'était-il noyé? Ses entraîneurs attendaient-ils les vingt

---

1. Une des courses les plus prestigieuses en Amérique du Nord (NdT).

minutes réglementaires avant de le laisser entrer dans la piscine après avoir mangé? Comme je ne pouvais pas vivre sans savoir, j'ai contacté la gestionnaire de l'établissement.

« C'est un nageur merveilleux, m'a confirmé la femme avec enthousiasme. Il est si beau. Il se fait des amis aisément… »

En gros, Dash était au camp d'été, où il passait des vacances fabuleuses. Malheureusement pour nous, c'était très cher et il ne provenait pas d'une famille riche.

Et puis un miracle s'est produit.

Brad m'a appelé pour m'annoncer cette nouvelle formidable : « Dash est guéri, il va faire sa première course dans six semaines! »

J'étais survolté! Nous l'étions tous. Quand le grand soir est arrivé, nous nous y sommes présentés en groupe. Des gars avaient loué des limousines. Quelques-uns portaient des smokings. D'autres fumaient des cigares de luxe. La soirée semblait magique.

Jusqu'à ce que Dash arrive.

Les employés ont eu de la difficulté à l'installer derrière la barrière de départ. Mais pas autant que le conducteur en a eu à essayer de la lui faire passer.

Peut-être que Dash n'a pas entendu le coup de feu signalant le départ. Je soupçonne qu'il avait de l'eau dans les oreilles. Les autres chevaux complétaient leur premier tour alors que Dash était toujours en train de visualiser la course. Je me demande s'il est déjà arrivé à un cheval de se faire prendre un tour. Il a fini par s'éloigner nonchalamment de la barrière et il est tranquillement sorti de la piste. Quand votre cheval s'arrête pour vous saluer, ce n'est pas bon signe.

Il ne s'est pas amélioré avec le temps. Dernier, dernier, dernier, dernier. Course après course, Dash nous donnait des résultats d'une constance surréelle. Quand il a finalement réussi à terminer avant-dernier, on nous a accusés de dopage. Ce n'est pas tant qu'il n'avait pas une bonne allure, mais plutôt qu'il se traînait les pattes. Ses mouvements ressemblaient à du *moon walk*. La seule bonne nouvelle c'est que, à cette vitesse, il ne risquait pas de se blesser de nouveau.

Les téléphones intelligents n'existaient pas encore cette année-là, mais je suis certain que si le conducteur en avait eu un, il aurait été capable de texter durant les courses. Un soir, Dash était si lent qu'il s'est retrouvé sur la photo des vainqueurs. Beau souvenir.

Comme dans le film *Sauvez Willy*, nous avons pensé renvoyer Dash à son habitat naturel : l'eau. Mais, tragiquement, nous n'avions plus d'argent.

Que faire ? Lors d'une réunion, nous avons convenu de le donner à un fermier local. Un de mes partenaires s'y est opposé :

« Je ne veux pas le donner, je veux faire la course avec lui.

— Vas-y, tu vas sûrement pouvoir le battre », s'est moqué un autre.

Dash s'est finalement retrouvé à Détroit, où il a peut-être fait le circuit des fêtes d'anniversaire. Croyez-moi, aucun enfant n'aurait été en danger avec lui.

Le comédien Billy Rose conseillait : « N'investissez jamais votre argent dans quelque chose qui mange… »

Un conseil à mettre en pratique.

UN RACCOURCI INCOMPRIS

Je vais maintenant expliquer ce qu'est un indice. C'est un nombre qui résume un ensemble de données et qui sert souvent de point de référence et de comparaison.

Le concept semble compliqué, mais il ne l'est pas.

Pourtant, très peu de personnes le comprennent complètement. Récemment, j'ai demandé à un groupe de financiers ce qu'était un indice et j'ai obtenu beaucoup de réponses insolites.

Un indice, c'est une aide, un raccourci, une façon de gagner du temps.

Toutes les sommes sont des indices. Comme toutes les moyennes. Et toutes les médianes.

Un handicap au golf est un indice. Le taux d'inflation est un indice. La moyenne de la classe de Mme Morissette est un indice. Le total de vos revenus en carrière est un indice.

Tout le monde peut fabriquer un indice. Je pourrais prendre mes vingt meilleurs amis, calculer le nombre total de livres qu'ils lisent en un an, en faire la moyenne et l'appeler l'ILAC (l'indice de lecture des amis de Chilton). Je ne crois pas que le nombre serait très impressionnant.

Vous pourriez calculer le nombre de livres que lisent vos amis et nous pourrions les comparer. Ou je pourrais recenser la moyenne annuelle de l'ILAC sur plusieurs années et voir si mes amis deviennent de meilleurs lecteurs. Ce serait bien non? Oubliez cela.

Le monde financier crée et utilise des indices. Heureusement. Sans eux, il serait impossible de communiquer et de comparer efficacement les données innombrables que produit cette industrie.

Par exemple, répondre à une des questions les plus fréquentes, «Comment se sont comportés les marchés boursiers aujourd'hui?», serait virtuellement impossible. Il y a des milliers de compagnies cotées en Bourse, et réciter le prix de clôture de chacune d'elles serait toute une corvée.

Mais avec un indice, la réponse est aussi simple que: «L'indice composé S&P/TSX a grimpé de 1,1 %.»

C'est *fafa*, comme dirait ma fille.

L'indice composé S&P/TSX est l'indice canadien le plus connu du marché boursier. C'est un chiffre, un taux moyen pondéré qui résume beaucoup de données: le prix des actions d'environ deux cent cinquante des plus grosses compagnies publiques canadiennes.

Il existe plusieurs façons de pondérer le poids de chacune des compagnies dans l'indice. Elles peuvent toutes recevoir la même pondération, ce qui arrive parfois. Il semble étrange, pourtant, qu'une augmentation de 2 % du prix de l'action d'une petite compagnie ait le même effet sur la valeur d'un indice qu'une augmentation de 2 % du prix de l'action d'une plus grosse compagnie. Mais ce sont les personnes qui créent les indices qui en déterminent les règles.

La plupart des indices sont pondérés en fonction de la capitalisation boursière. Ce n'est pas très compliqué. La capitalisation boursière est calculée en multipliant le nombre d'actions qu'une compagnie a sur le marché par le prix de l'action. Si la compagnie X vaut trois fois ce que vaut la compagnie Y, X a trois fois plus de poids que Y dans le calcul de l'indice.

C'est sensé.

L'indice composé S&P/TSX est pondéré en fonction de la capitalisation boursière, comme beaucoup d'autres indices importants.

Un indice peut aussi pondérer chaque compagnie en fonction du prix de l'action. Une compagnie dont l'action est de 30 $ aura trois fois plus d'impact dans le calcul de l'indice qu'une compagnie dont le prix de l'action est de 10 $. Mais si cette dernière avait neuf millions d'actions sur le marché, et celle dont l'action est à 30 $, seulement un million ? Hum. La plus petite compagnie aurait alors trois fois plus de poids que la plus grosse, même si elle n'a qu'un tiers de sa capitalisation boursière.

Manifestement, pondérer l'indice sur le prix de l'action est une idée farfelue. Curieusement, pourtant, l'indice le plus célèbre, le Dow Jones, est calculé de cette façon.

Étrange.

Il y a aussi des indices pour les obligations, les matières premières et l'immobilier. De plus, il y a un indice pour un nombre apparemment infini de sous-ensembles de chaque catégorie d'actifs. Des actions des compagnies émergentes aux actions privilégiées, en passant par les obligations de société et les produits agricoles, chaque catégorie a son indice (et certaines en ont même plusieurs).

Il faut savoir, et c'est la clé, que ces indices ont deux choses en commun : 1) ils ne sont qu'un chiffre qui résume un ensemble de données ; 2) une ou plusieurs personnes les ont créés. Il, elle ou eux en ont choisi les composantes, ont décidé de la pondération de chacune et en ont déterminé les règles.

Fréquemment, j'entends des gens qui me disent : « Je voudrais acheter tel ou tel indice. » Impossible. Souvenez-vous, ce n'est qu'un chiffre, un concept abstrait. Ce que vous pouvez faire, c'est acheter chaque composante de l'indice en fonction de la pondération prescrite. Reproduire un indice est une tâche colossale, mais il y a des fonds mutuels (appelés «fonds indiciels») et des fonds cotés en Bourse (FCB) qui le font pour vous à peu de frais.

L'industrie de la finance emploie souvent le terme «passif» pour nommer le genre d'investisseur que représentent ceux qui investissent dans des fonds indiciels, et «actif» pour tous les autres. Je n'ai jamais été à l'aise avec ces étiquettes. Il y a plusieurs investisseurs qui achètent des actions de compagnie et qui les conservent indéfiniment dans leur portefeuille. Ces investisseurs ne vendent ni n'achètent jamais rien, ils sont réellement passifs et, malgré cela, ils sont considérés comme actifs. Nous avons aussi maintenant d'autres investisseurs qui achètent et vendent régulièrement leurs fonds indiciels et leurs FCB, tentant de battre les marchés de vitesse ou de profiter des secteurs en ébullition. Ils ne sont pas passifs, ils sont *hyperactifs*. Ils n'attendent pas que les choses arrivent, ils les provoquent : commissions, impôts élevés et rendements sous la moyenne, par exemple.

Vous avez probablement remarqué que ce chapitre a été un peu différent des précédents. Il n'y a eu aucune idée profonde ou point de vue particulier. (OK, il n'a pas été si différent des autres, après tout.) Mais comprendre comment fonctionne un indice permet de rendre les marchés financiers plus intéressants et plus amusants.

De plus, vous pourrez maintenant briller par votre savoir au prochain *party* en lançant : «C'est ridicule que le Dow soit pondéré en fonction du prix ; une pondération en fonction de la capitalisation boursière serait beaucoup plus sensée.»

Par contre, votre interlocuteur pourrait répondre : «C'est vrai. Je suis d'ailleurs en train d'observer les performances du MSCI EAFE[2], mais je suis aussi attiré par les fonds indiciels fondamentaux et les FCB inversés.»

À bien y penser, il vaut mieux garder cette information pour vous.

---

2. Acronyme de Morgan Stanley Capital International Europe, Australia and Far East (NdT).

DES MATHÉMATIQUES INCROYABLEMENT INTÉRESSANTES

«Ah, pensez-vous, ce titre de chapitre est un bel exemple d'oxymoron.»

Non, je vous garantis que vous trouverez ces chiffres et la logique tout à fait intéressants. Les mathématiques sont simples, mais la leçon est profonde. Une leçon qui ne reçoit, en général, que trop peu d'attention.

Quand vous investissez sur le marché des actions, vous avez deux choix : 1) vous pouvez acheter un fonds indiciel ou un FCB qui vous donne le rendement du marché (ennuyant) ; ou 2) vous pouvez essayer de battre le rendement du marché (excitant).

La vaste majorité d'entre nous choisissent la seconde option. Nous ne sommes pas habitués de nous contenter du rendement moyen du marché. Nous voulons tous obtenir des résultats supérieurs à la moyenne. Nous tous. Au-dessus de la moyenne.

Le problème, c'est que c'est mathématiquement impossible. En moyenne, nous devons être, eh bien, moyens.

En d'autres mots, le rendement global des investisseurs qui tentent de battre le marché *doit* égaler le rendement du marché.

Faites-moi confiance, peu importe à quel point cette affirmation semble ennuyante, il est important de bien la comprendre. En fait, elle est si importante que je vais me permettre de la répéter : le rendement global des investisseurs qui tentent de battre le marché *doit* égaler le rendement du marché.

C'est une certitude mathématique. Il n'y a aucune exception.

Nous ne pouvons pas tous obtenir des rendements supérieurs à la moyenne. La tentative de surpasser les résultats du marché est un jeu à somme nulle. Il y aura des gagnants et des perdants dont les résultats s'annuleront, même si tous les joueurs sont extrêmement intelligents.

Mes analogies sont brutales, mais celle-ci vous aidera à comprendre. Si les trente équipes de la ligue majeure de baseball étaient toutes dirigées par les meilleurs entraîneurs de l'histoire de ce jeu, elles finiraient avec les mêmes résultats que si elles étaient dirigées par trente enfants qui ne savent même pas où est le deuxième but. Dans les deux cas, à chaque partie, il y aurait une équipe gagnante et une équipe perdante. Et la ligue jouerait quand même pour .500.

Observons cet exemple très simplifié pour comprendre les effets de cette vérité méconnue et pourquoi elle est si importante.

Imaginons qu'il existe quatre fonds mutuels qui contrôlent chacun un quart de l'argent investi dans un marché boursier imaginaire. Le premier est un fonds indiciel qui détient chaque action du marché en proportion de sa valeur marchande. En d'autres mots, il reproduit le marché. Le second est géré par l'investisseur le plus renommé, Warren Buffett. Le troisième, par le partenaire réel de Buffett et un de mes héros, Charlie Munger. Le quatrième et dernier fonds est géré par George Soros, le brillant gestionnaire de fonds spéculatifs.

Alors 25 % du capital investi sont heureux d'égaler les performances du marché, et 75 %, tous gérés par des gens remarquables, tentent de battre le marché.

Ma mère, qui a 30 000 $ à investir, décide d'acheter des actions. Voici ses options.

1) Elle peut acheter ses actions directement.
2) Elle peut investir 30 000 $ dans le fonds indiciel.
3) Elle peut investir 10 000 $ dans chacun des trois fonds gérés par les gestionnaires légendaires.
4) Elle peut investir 30 000 $ dans le fonds d'un seul gestionnaire.

Si ma mère décide d'acheter directement ses actions, elle est cinglée. Rappelez-vous qu'ensemble Buffett, Munger, Soros et ma mère devront obtenir le même rendement que le marché, soit le rendement qu'elle peut recevoir automatiquement en achetant le fonds indiciel. Si elle espère obtenir plus que ce rendement, elle devra surpasser les résultats obtenus par ces trois génies de la finance. Ce qui est, franchement, tiré par les cheveux.

Si elle choisit l'option numéro deux et qu'elle investit son argent dans le fonds indiciel, elle est *assurée* de profiter des performances globales des trois gourous, car leurs performances *doivent* aussi égaler le rendement du marché. Si Buffett surpasse les performances du marché de 4 % et Soros, de 1 %, c'est que Munger *doit* être sous le rendement du marché de 5 %.

C'est génial, non ? Ma mère n'a qu'à acheter le fonds indiciel pour obtenir les mêmes rendements que trois des plus grands investisseurs de tous les temps.

Des mathématiques simples, mais difficiles à croire, n'est-ce pas ?

Si ma mère décide d'investir le même montant dans chacun des fonds des trois gestionnaires, la troisième option, nous savons tous ce qui *doit* arriver : elle obtiendra un rendement égal au marché, exactement comme si elle avait investi son argent dans le fonds indiciel.

La dernière solution, investir tout son argent dans le fonds d'un seul gestionnaire, peut bien fonctionner ou pas du tout. Un ou deux des gestionnaires peuvent obtenir des résultats supérieurs à la moyenne, et un ou deux gestionnaires peuvent avoir des résultats sous la moyenne. Ma mère peut-elle prévoir lequel des trois fera mieux que les deux autres ? Le pouvez-vous ? Est-ce que quelqu'un peut le prédire ? Buffett ? Munger ? Soros ?

En résumé, si ma mère décide d'acheter elle-même ses actions, ma sœur et moi allons devoir avoir une longue conversation avec elle. Très longue. Si elle achète des parts d'un fonds indiciel, elle obtiendra le rendement du marché. Si elle divise également son argent entre les trois gourous, elle recevra encore le rendement du marché. Si elle décide de choisir le bon cheval, elle risque d'obtenir un rendement qui dépasse le marché, mais l'inverse est aussi possible.

Certains critiques à l'esprit vif pourront soutenir que mon exemple est légèrement incorrect en raison de nuances subtiles telles que blablabla, blablabla… Peu importe. Le résultat reste le même.

Pour surpasser le rendement du marché, vous devez surpasser les résultats obtenus par la majorité de tous ceux qui tentent aussi de surpasser le rendement marché.

Je suis toujours surpris de voir combien peu de gens le réalisent.

Quand vous remettez votre épargne durement gagnée à un gestionnaire de portefeuille professionnel que vous estimez plus intelligent que vous, soyez prudent. Comme vous avez toujours la possibilité d'acheter un fonds indiciel qui vous permet de reproduire le rendement du marché, il est peu pertinent que le ou la gestionnaire soit plus intelligent que vous. L'important, c'est qu'il ou elle soit plus intelligent que la plupart de tous ceux et celles qui sont plus intelligents que vous.

Désolé si cette dernière phrase semble impolie.

Avant de lire les deux prochains chapitres, il est impératif de bien comprendre celui-ci. Relisez-le si vous éprouvez des difficultés. Téléphonez-moi si vous avez des questions. Oui, vous pouvez vraiment m'appeler.

Et les mathématiques seront encore plus fascinantes dans le prochain chapitre ! Comment est-ce possible ? Quel livre passionnant !

QUAND LA MOYENNE NE L'EST PLUS

Le chapitre précédent avait une faiblesse majeure. Autre que l'écriture. L'analyse négligeait une composante clé. Une composante qui affecte drastiquement le rendement sur investissement et ainsi altère le rendement de chacun des choix que ma mère pourrait faire.

Le coût.

Warren Buffett, Charlie Munger et George Soros ne travaillent pas gratuitement. Ni ne le devraient, d'ailleurs. Ils doivent faire payer les investisseurs pour couvrir leurs dépenses et leur permettre d'engranger des profits. Travailler gratuitement ne rend pas milliardaire.

Même les compagnies qui offrent de bons vieux fonds indiciels ne les font pas gratuitement. Non, elles n'ont pas besoin d'une équipe de recherche coûteuse ni des services d'un spécialiste de la sélection des actions, mais ces compagnies ne le font pas par simple gentillesse. Leurs actionnaires veulent aussi faire un peu d'argent.

Et si ma mère décide d'investir son argent elle-même (Dieu nous en préserve), elle n'aura peut-être pas à payer un gestionnaire, mais elle aura tout de même des frais de commission à payer sur chacune de ses transactions. De plus, imaginez tout le temps qu'elle devra consacrer à la recherche. Souvenez-vous, pour battre le marché, elle doit prendre de meilleures décisions d'investissement que toutes les autres personnes qui cherchent aussi à obtenir de meilleurs rendements que le marché. C'est cela, Marjorie Chilton doit l'emporter sur l'équipe composée de Buffett, Munger et Soros. Juste de l'écrire me fait rire.

Examinons de nouveau les quatre choix qui s'offrent à ma mère, mais en incluant les coûts cette fois.

1) Elle peut acheter elle-même ses actions, une idée tellement folle que je ne vais même pas tenter d'en estimer les coûts.

2) Elle peut acheter des parts d'un fonds indiciel dont le rendement équivaudra à celui du marché à un coût de 0,5 % par an (frais typiques des fonds indiciels[3]).

3) Elle peut placer 10 000 $ chez chacun des trois gestionnaires légendaires au coût de 2,3 % par an (frais typiques des fonds non indiciels).

4) Elle peut placer ses 30 000 $ chez l'un des trois gestionnaires au coût de 2,3 % par an.

Si le rendement du marché est de 8 % l'an prochain, combien sera le rendement du portefeuille de ma mère selon chacun des scénarios ?

Eh bien, si ma mère a choisi l'option 1, l'issue sera tragique.

Si elle achète des parts du fonds indiciel, elle obtiendra un rendement de 7,5 %. Cela correspond au taux du marché moins les coûts de 0,5 % facturés par le gestionnaire du fonds.

Si elle investit 10 000 $ chez chacun des trois gourous, elle recevra un rendement 5,7 %. Pardon ? Ce chiffre semble invraisemblable, mais il est réel. Comme nous l'avons découvert dans le dernier chapitre, collectivement la performance du trio *doit* égaler le

---

3. Voir page 218, numéro 11.

rendement du marché qui est de 8 %. Si Buffett et Soros obtiennent tous deux un rendement de 12 %, Munger *doit* rapporter un rendement de 0 %. Si Soros obtient un rendement de 10 % et Munger, de 8 %, Buffett *doit* en obtenir un de 6 %. Il y a un nombre infini de combinaisons possibles, mais une chose est certaine : leur performance globale sera de 8 %. Bien sûr, ma mère aura à leur payer à chacun des frais de 2,3 %, d'où les 5,7 %.

Hum.

Finalement, elle pourrait choisir un seul des trois gestionnaires et lui faire investir ses 30 000 $. Supposons qu'elle réussit miraculeusement à sélectionner le meilleur des trois à l'avance. Je ne sais pas comment elle y parvient, mais elle y parvient. Son gestionnaire affiche un rendement de 9 %. Ses collègues, eux, ne réussissent à rapporter qu'un rendement respectif de 8 % et de 7 %. Ma mère recevra alors un rendement de 6,7 % (9 % moins les frais de 2,3 %). Décevant ! Elle a réussi à opter pour le meilleur gestionnaire et n'obtient même pas un rendement équivalent à celui du fonds indiciel.

Fichus frais.

Tout ça n'était pas amusant. Allons-y avec une version plus réconfortante.

Le gestionnaire de ma mère rapporte un rendement de 16 % ! Il double le résultat du marché de 8 % et met dans l'embarras ses deux collègues qui, eux, n'obtiennent qu'un rendement de 4 %.

Là on parle ! Ma mère est folle comme un balai (eh bien, autant qu'elle peut l'être) et reçoit un rendement 13,7 % une fois ses frais déduits.

Heureusement qu'elle n'a pas choisi l'un des deux autres, son rendement aurait alors été de seulement 1,7 % (4 % - 2,3 %). Aïe ! C'est frustrant quand le marché a offert d'aussi bonnes performances.

En résumé, si ma mère investit seule son argent, c'est l'hécatombe. Si elle achète le fonds indiciel, elle obtiendra le rendement du marché moins un coût relativement peu élevé. Si elle divise son argent entre les trois gestionnaires, elle recevra le rendement du marché moins un coût élevé. Si elle tente de choisir le bon cheval, elle pourra obtenir un rendement supérieur ou inférieur au marché.

Pour recevoir un rendement supérieur au marché, elle devra non seulement sélectionner le gestionnaire le plus intelligent des trois, mais aussi choisir le gestionnaire qui lui donnera un rendement supérieur à ceux des autres par une marge suffisamment grande pour pouvoir soustraire les frais annuels de 2,3 % et battre encore le rendement du marché.

Manifestement, la stratégie optimale pour nous tous, ma mère y compris, est d'investir seulement son argent chez le gestionnaire qui produira un rendement supérieur à tous les autres.

Logiquement, pourtant, c'est impossible. Nous ne pouvons pas tous recevoir une performance supérieure à celle du marché. Nous avons besoin que des personnes obtiennent un rendement inférieur à celui du marché pour équilibrer. Nous devons profiter de quelqu'un ! Des volontaires ?

Les faits demeurent : cumulativement, nous tous, qui tentons de battre le marché, allons y arriver avant la déduction des coûts, mais échouer après.

La phrase suivante est plutôt redondante, mais elle en vaut la peine : c'est une certitude mathématique que les investisseurs qui achètent des fonds indiciels obtiendront des rendements qui surpasseront ceux d'une majorité d'investisseurs qui tenteront de surpasser les rendements des fonds indiciels.

En conséquence, accepter le rendement moyen du marché (moins les coûts) fera automatiquement de vous un investisseur au-dessus de la moyenne.

C'est vrai, vous remporterez un rendement supérieur à la majorité des investisseurs si vous cessez d'essayer de les battre.

La moyenne n'est pas *moyenne* ! Je peux déjà voir les t-shirts :

« La moyenne est le nouveau fantastique ! »

« Soyez le plus moyen que vous puissiez l'être ! »

« Être moyen est une récompense en soi »

Cette dernière est particulièrement bonne. Je vais demander un droit d'auteur.

Peut-être pensez-vous : « Hé, Dave nous conseille d'investir notre argent dans les fonds indiciels ou les FCB plutôt que dans les actions. »

Faux. Si vous relisez ce chapitre, vous remarquerez que je n'ai émis aucune opinion (à part sur les talents d'investisseur de ma mère). Je n'ai fait qu'exposer les mathématiques. Ce sont elles qui ont parlé.

Tous ceux qui sont en désaccord avec la leçon de ce chapitre ne sont pas en désaccord avec moi, mais avec l'arithmétique. William F. Sharpe, lauréat du prix Nobel d'économie, l'a bien dit : « Les conclusions [de ceux qui tentent de battre le marché] peuvent seulement se justifier en supposant que les lois de l'arithmétique ont été suspendues à l'avantage à ceux qui choisissent de s'engager dans une carrière de gestionnaire dynamique. »

Warren Buffett le confirme : « La plupart des investisseurs, autant institutionnels que personnels, trouveront qu'acheter des parts d'un fonds indiciel dont les coûts sont minimaux constitue la meilleure façon d'investir dans des actions. Ceux qui s'engagent dans cette voie sont certains de battre le rendement net (après coûts et dépenses) de la grande majorité des professionnels de l'investissement. »

Remarquez qu'il utilise le mot « certains ».

Malgré cela, on estime que les Canadiens tenteront de battre le marché avec plus de 80 % de l'argent qu'ils investissent sur le marché des actions.

Certains pourraient soutenir que c'est le triomphe de l'espoir sur les mathématiques.

J'AIMERAIS POUVOIR
VOUS AIDER

Nous avons vu qu'il est mathématiquement impossible pour nous tous, ou presque, d'obtenir constamment un rendement supérieur à la moyenne du marché.

Mais est-il possible que *certains* d'entre nous puissent y parvenir en repérant d'avance le futur gestionnaire de fonds étoile ?

Peut-être. Mais moi, j'en suis incapable.

Et mes choix passés le prouvent.

C'est dommage, car j'adore faire ce genre de recherche. Vraiment ! Je lis même les prospectus des fonds. Qui fait ça ?

Au début de ma carrière, j'étais persuadé que je pourrais prédire qui seraient les gagnants. Pas toujours parfaitement, mais assez souvent pour que cela fasse une différence positive.

Un barbier riche conseillait aux lecteurs de chercher des fonds qui présentaient plusieurs années de bons résultats ; de s'assurer que les gens qui avaient contribué à leur succès faisaient toujours partie de l'équipe ; de privilégier les fonds qui obtenaient de bons résultats dans les périodes de marchés haussiers et baissiers ; d'éviter les fonds « vedettes » et de donner plutôt la priorité aux gestionnaires de fonds disciplinés et axés sur la valeur.

Encore aujourd'hui, cela semble un bon conseil. C'est parfaitement sensé.

Pourtant, il ne fonctionne pas.

Je suis forcé d'admettre que les fonds qui répondent à ces critères se sont collectivement mal comportés par rapport au marché au cours des ans. Le pire, c'est que les équipes de gestionnaires en qui j'avais le plus confiance sont celles qui ont présenté les résultats les plus faibles. C'est frustrant, mais les résultats passés n'ont aucune corrélation avec la performance future. Les fonds qui ont obtenu d'excellents résultats ces dix dernières années n'ont pas plus de chances d'avoir un rendement supérieur au marché au cours de la prochaine décennie que ceux qui présentent un bilan médiocre.

Aïe !

Heureusement, aujourd'hui, des techniques de sélection plus avancées ont remplacé mes conseils rudimentaires. Des agences de notation de fonds mutuels et des firmes d'investissement majeures ont créé des algorithmes complexes et les ont combinés avec une analyse sophistiquée des variables qualitatives qui exigent des tonnes de recherches effectuées par des gens très intelligents et des ordinateurs ultraperformants.

C'est très impressionnant.

Mais cela ne fonctionne pas non plus.

Je ne connais pas une seule entité qui parvient systématiquement à repérer le futur champion des fonds mutuels. Cela ne veut pas dire qu'elle n'existe pas. Je ne l'ai juste pas encore rencontrée. Peut-être le pouvez-vous ; peut-être que votre conseiller le peut.

J'ai toutefois rencontré un nombre phénoménal de personnes qui peuvent repérer le champion *passé* des fonds mutuels avec une très grande précision.

En fait, la plupart des fonds mutuels vedettes sont toujours ceux qui ont obtenu les meilleures performances récentes.

Mais il a été prouvé que les performances récentes sont des indicateurs encore moins fiables que les performances à long terme. Elles ont même une corrélation négative avec les résultats futurs! Fréquemment, de bons résultats à court terme sont liés au fait que le fonds détient une trop grande part d'un marché émergent. Au bon endroit, au bon moment. Malheureusement, des résultats formidables récents attirent un gros tas d'argent juste au moment où les résultats reviennent à la moyenne. Rappelez-vous de la bulle technologique.

C'est ici que le concept très intéressant de rendement de l'investisseur versus le rendement sur investissement entre en jeu. Encore et encore, nous avons vu des fonds qui présentent de bons résultats lorsqu'ils ont peu d'actifs sous gestion, qui attirent une tonne d'argent en raison de leurs performances et *alors* trébuchent. Les résultats globaux semblent corrects et même bons, mais le dollar moyen a été investi en fin de course et n'obtient que des résultats médiocres.

Comme vous pouvez l'imaginer, j'ai eu mon lot de débats avec les acteurs de l'industrie à propos de leur (in)capacité à sélectionner les fonds mutuels avec succès. Il y a beaucoup d'argent qui circule grâce aux clients qui croient que leur conseiller peut les diriger dans la bonne direction. Je suis sensible à cette question: beaucoup de mes amis sont des conseillers.

Pendant de nombreuses années, j'ai gentiment essayé de faire changer les mentalités à ce sujet en parlant de la recherche formelle, du défi incroyable que représente un rendement qui surpasse les frais de gestion élevés, des mathématiques que j'ai exposées dans les deux chapitres précédents, du rendement de l'investisseur par rapport au rendement sur l'investissement… Aucun impact. Et puis, l'année dernière, j'ai changé drastiquement mon approche et j'ai laissé tomber les arguments logiques et mathématiques, et je les ai remplacés par une simple question: «Avez-vous recommandé le même fonds cette année que celui que vous avez recommandé il y a trois, cinq ou dix ans?»

J'ai été impressionné de constater combien de conseillers ont admis que non et, plus important encore, ont compris la signification de leur réponse.

Je ne doute absolument pas qu'il existe plusieurs gestionnaires de fonds extraordinaires. Quelques-uns réussiront même à obtenir un rendement qui surpasse les frais et qui bat le marché à long terme.

Je ne doute pas, non plus, que plusieurs conseillers soient honnêtement et passionnément convaincus qu'ils peuvent les repérer à l'avance.

J'aimerais juste en être capable.

VIGILANCE SUPPLÉMENTAIRE REQUISE

J'aime beaucoup ma secrétaire, Maureen Ross. Je sais qu'il serait politiquement correct de dire qu'elle est mon adjointe administrative, mais me décrire comme un directeur serait exagéré. De plus, il serait un peu bizarre de la nommer ainsi étant donné que c'est elle qui fait tout le boulot pour moi.

La première fois que j'ai rencontré Mo, dans les années 1990, elle gérait un restaurant que je fréquentais. Nous avons souvent discuté et, au fil du temps, j'ai appris qu'elle avait lu *Un barbier riche*, qu'elle avait aimé la première moitié, qu'elle avait trouvé le chapitre sur les assurances ennuyant, qu'elle avait pensé que la plupart des blagues étaient boiteuses (il y a des choses qui ne changent pas !) et qu'elle était contrariée qu'il ne s'agisse pas d'une histoire vraie.

Je ne comprends toujours pas exactement pourquoi je l'ai embauchée.

En tout cas, durant une de nos conversations, Mo m'a appris que son mari et elle avaient récemment emprunté de l'argent pour l'investir en actions grâce aux fonds mutuels. Leur conseiller estimait que c'était une décision prudente.

Il leur a indiqué qu'ils pourraient contracter un emprunt au taux de 7 % avec option de paiement des intérêts seulement ; à ce moment, il s'agissait d'un taux très compétitif. De plus, leur a-t-il expliqué, comme le prêt servirait à effectuer un investissement, les intérêts seraient déductibles d'impôts. Le coût après impôts reviendrait donc à près de 4 %. Il a terminé son entreprise de persuasion en leur soulignant que le fonds d'actions qu'il leur recommandait avait eu un rendement moyen annuel de 15 % au cours des quinze dernières années. Et comme les rendements étaient essentiellement composés du gain en capital exonéré d'impôts, plus de la moitié de la croissance du fonds restait dans les poches des investisseurs.

Wow ! J'en veux, moi aussi. Emprunt à rabais et rendement élevé, nous vivons dans un pays extraordinaire !

Intuitivement, par contre, nous savons tous qu'il y a anguille sous roche. Il *doit* exister quelques risques. Il *doit* y avoir des désavantages. Cela ne veut pas dire qu'emprunter pour investir est toujours une mauvaise idée. Seulement, vous devriez connaître toute l'histoire avant de plonger.

Laissez-moi commencer en vous disant qu'aucune règle absolue ne garantit le succès d'un investissement. Mais s'il y en avait une, elle ressemblerait certainement à celle-ci : n'empruntez pas d'argent pour acquérir un investissement qui vient juste de produire une performance incroyable durant les quinze dernières années.

Des résultats de retour à la moyenne vous guettent.

Cela semble évident, pourtant de nombreuses personnes empruntent encore pour investir *après* que les marchés boursiers ont subi de fortes hausses. Emportées par les excellentes performances récentes et ayant oublié les dernières corrections majeures, elles se font prendre en supposant que les bonnes performances vont se reproduire indéfiniment.

Quand j'ai débuté, j'ai mentionné sur scène, un soir, qu'au cours des quelques mois précédents un nombre anormal d'enseignants m'avaient demandé mon avis à propos de l'idée de contracter des emprunts pour acheter des fonds mutuels. J'ai plaisanté avec les spectateurs en leur disant qu'on devrait peut-être tous faire le ménage de notre portefeuille d'actions : « Si les investisseurs les plus conservateurs s'empressent d'investir avec de l'argent emprunté, le marché doit être près du sommet. » Peu après, un recul important a eu lieu.

C'est terrible, mais le conseil le plus perspicace que j'ai donné dans toute ma carrière était en fait une blague.

Mais plus je pense à « l'indicateur enseignants », plus il me semble valable pour faire des prédictions. Alors, en 2007, quand je me suis encore mis à recevoir un nombre disproportionné de questions venant d'enseignants relativement au financement à effet de levier (emprunt pour investissement), j'y ai prêté attention. J'avais déjà appris la leçon, j'ai donc prêché la prudence : « Je ne crois pas qu'il soit possible de prédire l'orientation des marchés, mais… »

On sait tous ce qui est arrivé en 2008.

En 2009, lors de la crise de l'endettement, quand les marchés ont atteint un plancher, j'ai été témoin d'un autre exemple fascinant qui démontre comment les émotions ont un impact sur l'investissement et, en particulier, sur les investissements faits avec de l'argent emprunté. Je parlais à Jonathan Chevreau, le chroniqueur en finances personnelles du *National Post* et, même s'il est normalement prudent quand il s'agit de s'endetter pour investir dans les fonds mutuels, il m'a fait remarquer que, pour ceux qui aimaient cette idée, il n'y avait pas de meilleur moment pour le faire. Les intérêts étaient à un taux historiquement bas et il y avait peu de risques qu'ils grimpent rapidement. De plus, le marché des actions avait été coupé en deux. Vous pouviez emprunter à un taux peu élevé et acheter à bas prix. C'était un argument solide.

Le lendemain, alors que je dînais au Wildcraft à Waterloo (et voilà, un autre repas gratuit !), j'ai rencontré le conseiller financier local. Il avait toujours été partisan du financement à effet de levier, mais il m'a avoué les éviter en raison de l'effondrement du marché.

Même si je comprenais entièrement son attitude et si je sympathisais avec lui, son raisonnement était insensé. Un grand nombre de ses clients avaient récemment vu la valeur de leur portefeuille plonger précipitamment, alors que leur taux d'endettement était resté le même. Une combinaison peu agréable qui nous contrarie, nous effraie et nous rend humbles. Le conseiller n'était pas irrationnel. Il était humain.

Quand il s'agit du marché des actions, le risque perçu est inversement corrélé au risque réel. C'est précisément quand tout le monde pense que le marché est sûr qu'il ne l'est pas. Et c'est quand la plupart des gens pensent qu'il ne l'est pas qu'il l'est.

J'essaie constamment de me le rappeler.

Au-delà de l'impossibilité de prédire l'orientation du marché, il y a d'autres risques potentiels dont il faut tenir compte quand on veut emprunter pour investir. Le plus important d'entre eux est la pression psychologique ressentie par les emprunteurs quand les marchés éprouvent des difficultés. Voir vos fonds perdre de la valeur quand vous avez investi votre argent est déjà angoissant. Mais voir vos fonds perdre de la valeur quand c'est l'argent de la banque que vous avez investi l'est beaucoup plus.

Tellement angoissant que cela cause souvent de l'insomnie et presse l'investisseur à vendre ses actifs sous l'effet de la panique. Ce n'est pas une observation théorique, j'ai vu la chose se produire à plusieurs reprises. Maureen et son mari ? Ils sont sortis de ce programme de financement à levier et je peux vous assurer qu'ils ne vont pas s'y faire reprendre.

Estimer quelle volatilité votre estomac est capable d'endurer et l'endurer réellement est un processus inexact. Mais pour la plupart d'entre nous, c'est moins qu'on le pense. Et pour les investissements effectués avec de l'argent emprunté, c'est généralement beaucoup moins.

Une dernière mise en garde : les calculs qui soutiennent la théorie du financement à levier ne sont pas aussi bons que ce qui est souvent annoncé. Les marchés canadiens et américains ont produit des rendements annuels de 8 % à 10 % sur une très longue période. Mais rappelez-vous, ces rendements sont avant les coûts. Il faut aussi payer le gestionnaire de fonds mutuels et le conseiller. C'est honnête, mais il en reste évidemment moins pour l'investisseur. Certains soutiendront qu'ils peuvent repérer le fonds qui sera plus performant que tous les autres à l'avenir, ce qui vous rapportera un rendement plus élevé. Ce n'est pas impossible, mais, pour les raisons mentionnées plus tôt, c'est hautement improbable.

De plus, qui peut prédire les rendements futurs ? Les rendements passés sont du passé. Je suis une personne optimiste, mais je dois admettre que la situation de l'endettement des pays développés pourrait constituer un frein au développement économique pour encore un bon moment. Et, logiquement, avec le rendement des dividendes à un niveau historiquement bas, le rendement du marché des actions pourrait rester modéré encore une dizaine d'années.

Mais qui sait ? C'est le problème : personne ! Alors il est probablement sage d'investir *comme si* les actions allaient obtenir une performance raisonnable à long terme, mais sans en être *certain*.

En dépit de ce que je viens de dire, je ne suis pas toujours contre le financement à effet de levier. Pour les bonnes personnes, au bon moment, il peut être intéressant. En fait, certains des meilleurs conseillers conservateurs que je connais ont proposé de tels programmes à des clients bien sélectionnés. Mais cette stratégie, qui est trop souvent promue de manière agressive, n'est pas pour tous. Et même dans les cas où elle semble appropriée, les montants recommandés semblent souvent délirants.

Pour être juste, je devrais plutôt dire *semblaient* souvent délirants. Depuis la dernière récession, l'industrie suggère des montants beaucoup plus raisonnables. De plus, de nombreux conseillers suggèrent moins de gros prêts à remboursement d'intérêts seulement et préfèrent des prêts amortis sur de plus petites périodes, allant de dix à quinze ans. Les taux sont un peu plus élevés, et seule la portion d'intérêt du remboursement est déductible d'impôts, mais la plupart des emprunteurs se sentent plus à l'aise avec des emprunts moins élevés et sont réconfortés de savoir qu'ils finiront par être remboursés en entier. Un investisseur moins stressé est un meilleur investisseur.

Encore une fois, je ne vous déconseille pas d'emprunter pour investir. Mais assurez-vous d'examiner la situation sous tous les angles avant de le faire. C'est une autre de ces bonnes idées issues du monde de la finance, qui fonctionnent mieux dans une présentation avec PowerPoint que dans la réalité.

LES MONTAGNES RUSSES

Vous entendrez souvent ce genre de conseil : « N'essayez pas de devenir riche rapidement grâce au marché des actions, c'est illusoire. Faites plutôt croître votre richesse lentement, mais sûrement. »

La première partie de ce conseil est incontestable. La seconde partie, par contre, peut sembler sage, mais elle est impossible à mettre en pratique.

Les actions ne grimpent pas lentement et sûrement. Elles n'imitent pas la fameuse tortue de la fable de La Fontaine, mais plutôt la version du lièvre intoxiqué.

Les marchés grimpent brusquement, reculent, font une pause, retombent plus bas, croissent de façon exponentielle, s'écrasent, explosent et s'écroulent, rendant les investisseurs complètement fous.

Oui, sur une longue durée, les actions, en tant que groupe, afficheront probablement un solide rendement. Mais « stable » n'est pas l'adjectif approprié pour décrire leur croissance.

Les rendements annuels ne se concentrent pas tous autour de la moyenne du marché à long terme. En d'autres mots, les années de rendement extrême n'arrivent pas qu'à l'occasion, elles reviennent régulièrement.

Par exemple, le S&P 500, l'indice américain le plus largement utilisé, a été en hausse ou en baisse de plus de 20 %, approximativement les deux tiers du temps depuis 1926. Cela veut dire que le S&P 500 a grimpé ou baissé de 0 à 20 % seulement un tiers du temps durant la même période. C'est difficile à croire. Même les professionnels de la finance sont surpris quand je partage ces statistiques avec eux.

Les actions ont beaucoup à offrir aux investisseurs à long terme. Mais vous ne pouvez pas espérer obtenir le rendement du marché sans faire face à la volatilité des marchés. Il n'y a aucune manière de l'éviter. Une des meilleures façons de gérer les hauts et les bas est d'avoir des attentes réalistes avant d'investir.

Il n'y a pas de rendement annuel «normal» sur le marché des actions. Stable ? Encore moins.

En passant, j'ai déjà demandé à Greta, que vous avez rencontrée plus tôt, si elle savait ce qu'était le S&P 500 et elle m'a répondu : «Bien sûr que je le sais, mais je n'aime pas beaucoup la course automobile.» J'en ris encore.

L'OUBLI

« Il y a certaines choses qui ne peuvent être expliquées
adéquatement par des mots ou des images à une personne
vierge. De la même manière, aucune description
ne peut exprimer même approximativement ce qu'on
ressent quand on perd une grosse somme d'argent. »

FRED SCHWED JR., *WHERE ARE THE CUSTOMER'S YACHTS ?*

Je suis toujours étonné de constater à quel point il est difficile pour
nous tous, moi y compris, de ne pas paniquer quand les marchés
financiers traversent des périodes difficiles.

Bien sûr, nous savons que nous devons cibler des résultats à long
terme. Oui, nous sommes parfaitement au courant que la panique
est notre ennemie. Évidemment, nous sommes d'accord pour dire
que vendre à bas prix est insensé.

Pourtant, instinctivement, c'est ce que nous sommes tentés de faire.

Nous serions prêts à faire n'importe quoi pour arrêter l'hémorragie.

Plusieurs investisseurs, qui prétendent agir rationnellement, se sont convaincus qu'ils ne vendaient que pour racheter à plus bas prix quand les marchés auraient fini de reculer.

Bon. Apparemment, après avoir échoué à prédire le sommet, ils estimaient pouvoir prédire le bas. Ah, décidément, l'illusion de tenter de prédire l'orientation des marchés est attrayante.

D'autres ont une stratégie surprenante : «Je vais reprendre mon argent, le marché est terrible. Je réinvestirai *après* le rebond.»

Oups. Vendre bas, acheter haut. Tenter de prédire intentionnellement l'orientation du marché est illusoire. Qu'on essaie de faire de l'argent ou d'en perdre.

Mais cette stratégie est étrangement compréhensible. Nous avons tous peur de perdre notre argent et, ironiquement, c'est souvent cette crainte qui la cause. Comme la plupart des choses qui impliquent de la discipline, affronter la tempête est plus facile en théorie qu'en réalité.

Alors quelle est la stratégie la plus efficace des investisseurs qui réussissent à affronter la tempête?

Une détermination à toute épreuve? Une gestion de risque complexe? Un suivi quotidien?

Non. L'indifférence.

Je suis tout à fait sérieux. La plupart des investisseurs qui ont le plus de succès et que j'ai rencontrés ignorent presque le détail de leurs investissements. D'autres les ignorent totalement.

Ce sont souvent des investisseurs peu informés. Ils ne sont généralement pas des investisseurs passionnés. Et ce ne sont certainement pas des investisseurs attentifs.

Ils sont seulement des investisseurs à succès.

Ils allouent un pourcentage approprié de leur argent aux actions, rééquilibrent leur portefeuille périodiquement et l'oublient.

Ils ne vont pas vérifier le prix de leurs actions toutes les heures. Ils ne vont pas regarder la valeur nette de leurs fonds mutuels tous les jours, ils ne sauraient probablement pas où la trouver. Beaucoup d'entre eux ne lisent même pas leurs relevés mensuels.

Mon père en est un exemple parfait.

Quand j'ai débuté dans le métier, j'ai aidé mon père à investir 25 000 $ dans un fonds mutuel international. Des années plus tard, après avoir jeté un rare coup d'œil à son relevé, il m'a lancé : « Oh, c'est malheureux, mon fonds ne vaut maintenant que 13 500 $. »

Cela n'avait aucun sens. Je lui ai fait remarquer que, malgré quelques soubresauts, les marchés se portaient plutôt bien en général et qu'il devait faire erreur. En fait, il avait treize mille cinq cents unités. Unités, et non dollars. À 7 $ chacune, nous avons calculé que son fonds valait 94 500 $.

« Je m'en tire plutôt bien, je trouve ! » s'est-il exclamé fièrement.

Oui, c'est mon père, le maître de l'investissement.

Cela peut sembler contradictoire, mais vous pouvez en apprendre beaucoup de cet homme qui en sait si peu. Ironiquement, les investisseurs s'intéressent trop à leurs investissements.

Cela dit, il est important d'exercer un suivi de vos placements et de vos rendements à l'occasion, et le faire annuellement semblerait bien. La philosophie de mon père, une fois à vie, m'apparaît un peu extrême.

PEU ORTHODOXE, MAIS...

Au cours des ans, j'ai découvert des «systèmes» étranges, conçus par des gens qui tentaient de battre les moyennes du marché.

Des trucs du genre à nous faire secouer la tête.

Un homme choisissait ses actions strictement en fonction de son horoscope. En tant que Scorpion, je ne crois pas à l'astrologie. Un autre achetait seulement des actions de compagnies qui étaient dirigées par des gens qui n'avaient pas obtenu de diplômes universitaires. Cette stratégie a bien fonctionné durant le boom technologique, mais pas lors de son effondrement.

Je dois admettre que l'une de ces idées étranges m'a non seulement intrigué, mais fonctionne plutôt bien dans la vraie vie.

Il y a quelques années, un homme m'a appelé pour se vanter à propos de son flair en matière d'investissement. Il prétendait que depuis plusieurs années le rendement de son portefeuille battait les moyennes du marché et, de surcroît, qu'il y était parvenu avec une volatilité plus faible.

J'étais sceptique, pour de bonnes raisons. J'ai rencontré peu de personnes qui réussissent à surpasser les performances du marché après les coûts. J'ai découvert que la plupart de ceux qui croyaient avoir réalisé cet exploit avaient tout simplement mal calculé leurs rendements.

J'ai bien expliqué tout cela à mon interlocuteur, mais il a insisté : ses chiffres étaient bien fidèles à la réalité. Il m'a télécopié ses relevés de transactions, et j'ai entré ses données dans un programme informatique. À ma grande surprise, ses chiffres étaient bons, il *battait* le marché !

Franchement, j'ai attribué son succès à la chance, mais il me semblait poli de l'appeler et de lui demander son secret.

« C'est simple. Je suis seulement des compagnies canadiennes matures qui ont l'habitude de payer des dividendes d'un montant raisonnable. De ce groupe, j'achète les actions des entreprises avec lesquelles je fais affaire, mais que je déteste. »

Je croyais qu'il blaguait, mais il n'a poussé aucun gloussement caractéristique.

« "Déteste" ? Je ne comprends pas !

— Eh bien, si je déteste ces entreprises, mais que je continue tout de même à faire affaire avec elles, elles doivent être dans une très bonne situation. Manifestement, j'ai besoin de ce qu'elles vendent, et la concurrence n'arrive pas à proposer un produit égal. Un consommateur captif leur donne le pouvoir de fixer les prix et de rester en affaires, c'est dur à battre ! »

Je voulais répliquer de façon intelligente, mais rien ne m'est venu à l'esprit.

Je ne veux pas nommer de noms ni offenser qui que ce soit, mais vous pourriez probablement deviner le nom de plusieurs compagnies de son portefeuille. Tous ceux à qui j'en ai parlé l'ont fait.

Certains pourraient soutenir que le fait qu'il les déteste n'a rien à voir avec leur succès. Il résulterait plutôt du choix de compagnies matures qui paient de bons dividendes. Ce groupe a été bien performant dans l'environnement des bas taux d'intérêt des deux dernières décennies.

Mais je ne suis pas convaincu, peut-être est-il sur une piste. Warren Buffett a toujours cru que les entreprises qui ont un avantage compétitif durable offrent les meilleures possibilités aux investisseurs. « Recherchez les firmes qui ont créé des fossés larges et profonds autour d'elles », dit-il. Cette stratégie contraire à l'intuition semble une excellente manière de mesurer les fossés. Je crois que c'est intelligent.

Je n'ai, malgré tout, jamais utilisé intentionnellement ce critère de sélection inhabituel. Vous ne devriez pas non plus. S'il ne fonctionne pas pour vous, vous finirez non seulement par détester les compagnies, mais aussi votre portefeuille et moi. C'est beaucoup trop d'émotions négatives.

Curieusement, Peter Lynch, le fameux gestionnaire de portefeuille maintenant à la retraite, est plutôt partisan de la stratégie opposée et vous conseille d'acheter des actions de compagnies que vous adorez.

J'avais l'habitude de manger des beignes Krispy Kreme en revenant de chez Blockbuster.

Oups, j'aurais dû consulter mon horoscope.

UNE IDÉE FAUSSE
LARGEMENT RÉPANDUE

Les médias semblent apprécier cette phrase : «Des milliards de dollars ont quitté le marché des actions au cours des dernières semaines.»

Après ce genre de nouvelle, les gens me demandent invariablement : «Où croyez-vous que tout cet argent est allé? Dans les obligations? L'or? L'immobilier?»

Aucune de ces réponses.

Admettons qu'il y a un million d'actions de Chilton inc. sur le marché. La dernière transaction hier s'est négociée à 10 $ l'action, étant donné la valeur de la compagnie sur le marché qui est de dix millions.

Vous vous rendez compte qu'aucune compagnie portant mon nom ne peut valoir autant, alors vous décidez sagement de vendre vos mille actions. Malheureusement, c'est une dure journée sur le marché et il n'y a aucun acheteur prêt à débourser 10 $ l'action.

Vous êtes tellement déterminé à vendre que vous décidez d'accepter la meilleure offre, qui est de 9 $ l'action.

La valeur nette de Chilton inc. vient soudainement de diminuer à neuf millions.

En vendant 9 000 $ d'actions sur le marché, vous avez fait diminuer la valeur de la compagnie de un million. Et vous venez de gâcher notre plaisir.

Le prix des actions n'est pas déterminé par le marché entier grâce à une analyse détaillée et de manière consensuelle, mais par les décisions d'un petit pourcentage d'investisseurs qui cherchent à vendre et d'un petit pourcentage d'investisseurs qui cherchent à acheter. C'est surprenant, mais il faut peu de gens, dont certains agissent non pas de manière rationnelle mais plutôt en fonction de leurs émotions, pour affecter drastiquement les prix des actions à court terme. Cela nous permet d'expliquer pourquoi les prix des actions sont si volatils. C'est aussi une bonne raison de ne pas en suivre les fluctuations au jour le jour. Ce n'est qu'un peu de bruit. Comme Benjamin Graham, le mentor de Warren Buffett, l'a si judicieusement dit : « À court terme, le marché est une machine à voter, mais à long terme, c'est une balance. »

Il est important de comprendre que ce ne sont pas 1 000 000 $ qui sont sortis du marché dans cette transaction, mais seulement 9 000 $. Et encore, c'est trompeur, car 9 000 $ supplémentaires y sont entrés, provenant de l'acheteur, un point évident mais souvent négligé.

Aucun dollar « net » n'a quitté le marché.

Alors où est passé ce million de dollars de valeur nette ?

Pouf. Envolé.

LE TUEUR SILENCIEUX

Dans le monde financier, la différence entre le « cours acheteur » (le prix le plus haut que quelqu'un est prêt à payer) et le cours vendeur (le prix le plus bas auquel quelqu'un est prêt à vendre) se nomme l'« écart ».

Alors si vous surveillez une action dont le cours acheteur est de 5,00 $ et le cours vendeur de 5,25 $, l'écart sera de 0,25 $.

Si vous décidez d'investir et que vous offrez d'acheter les actions au prix de 5,20 $, quel sera l'écart ? Même ma sœur a répondu 0,05 $.

Techniquement, c'est vrai.

Mais il y a une façon plus sage de définir l'écart. Une façon qui vous aidera à devenir un meilleur investisseur.

Un écart devrait être décrit comme la différence entre le prix que vous êtes prêt à payer pour un investissement et le cours acheteur le plus haut suivant.

Alors lorsque vous êtes prêt à payer 5,20 $ par action, l'écart sera de 0,20 $, calculé ainsi : votre prix de 5,20 $, moins le cours acheteur suivant de 5,00 $.

Pourquoi une nouvelle définition ?

Eh bien, remémorez-vous cet adage qui considère que quelque chose vaut seulement ce que quelqu'un est prêt à payer pour l'obtenir. C'est pertinent. Et ce quelqu'un n'est pas la personne à qui vous tentez de l'acheter, c'est manifestement le vendeur. Et à une fois que vous avez pris possession des actions, ce quelqu'un n'est pas vous non plus.

La personne clé est celle qui propose d'acheter au prix plus bas que vous. Le prix qu'elle offre représente la plus haute valeur qu'un acheteur potentiel, en dehors de vous-même, est prêt à payer pour cet actif.

Il est clair que c'est une information importante. Si ce prix est très en deçà du vôtre, peut-être devriez-vous revoir votre offre.

L'importance de tout cela est bien illustrée par une blague que j'ai entendue lorsque j'ai commencé dans l'industrie :

Un client appelle son courtier et lui demande les prix du marché pour une action en particulier.

« Le cours acheteur est à 1,00 $ et le cours vendeur est à 1,15 $, répond son courtier.

— Achetez tout ce que vous pouvez à 1,15 $, ordonne le client.

— Vous en avez vingt mille. Le cours acheteur est maintenant à 1,15 $, et le cours vendeur, à 1,25 $.

— OK, achetez tout ce que vous pouvez à 1,25 $, renchérit le client.

— C'est fait ! Le cours acheteur est maintenant à 1,25 $, et le cours vendeur, à 1,75 $. Voulez-vous faire une autre offre ?

— Absolument !

— Vous venez d'acquérir soixante mille actions à 1,75 $. Le cours acheteur est maintenant à 1,75 $, et le cours vendeur, à 1,85 $.

— Fantastique ! se réjouit le client. Vendez le tout à 1,85 $.

— À qui ? Vous êtes le seul à acheter ! » lui répond le courtier.

C'est drôle, mais le message est sérieux. Relisez la blague attentivement. Personne n'a fait d'autre offre que notre client. Le deuxième cours acheteur le plus haut est resté à 1,00 $, et c'est bien le prix clé. Le cours devra monter de 75 % pour que notre client frénétique puisse vendre les dernières actions qu'il vient d'acheter sans faire de perte.

Il sera peut-être chanceux un jour, mais ce n'est certainement pas la meilleure façon d'investir son argent.

Reprenons notre premier exemple et supposons que le vendeur accepte notre offre d'achat à 5,20 $. Fantastique ! Mais possédez-vous maintenant des actions qui valent 5,20 $ ou 5,00 $ chacune ? L'adage et la réalité nous disent tous deux que c'est ce dernier prix.

Le cours acheteur devra augmenter de 0,20 $ si vous voulez atteindre le point mort. Cela semble peu, mais c'est quand même 4 %, ce qui est loin d'être négligeable. Et c'est avant commission.

Les écarts sont les tueurs silencieux des rendements sur investissement. Ils sont rarement abordés, souvent ignorés, ils infligent pourtant un dur coup à nos finances.

Vous pouvez limiter leurs dommages en investissant principalement sur le marché liquide (marché où les écarts sont moins élevés) et en transigeant moins souvent. Vraiment moins souvent.

Faire de la spéculation sur séance sur des actions cotées en cents ?

Oubliez cela !

UNE DÉCISION DIFFICILE

Dans *Un barbier riche*, les jeunes personnages ont épargné 10 % de leurs revenus, ont cotisé le maximum autorisé à leur REER, réduit l'amortissement de leur hypothèque, et Éric a mis de l'argent de côté pour l'éducation de son enfant.

Je ne sais pas ce qui m'a retenu de leur faire trouver un remède au cancer ou apporter la paix au Moyen-Orient.

La planification financière est vraiment plus facile dans un monde fictif.

Dans le monde réel, par contre, la plupart d'entre nous ont des ressources limitées. Nous sommes forcés d'établir des priorités et de rechercher l'équilibre. Trouver la meilleure façon d'y arriver est un défi de tous les instants.

Une des questions les plus communes que les Canadiens se posent est : « Cette année, devrions-nous investir dans notre plan de retraite ou établir un régime d'épargne-études pour les enfants ? »

C'est une décision difficile.

Plusieurs personnes intelligentes ont analysé cette question attentivement et en sont à peu près toutes arrivées à la même conclusion : optez d'abord pour le régime enregistré d'épargne-études (REEE) jusqu'à ce que vous ayez pleinement profité de la Subvention canadienne pour l'épargne-études (SCEE). Ensuite, si vous avez encore de l'argent disponible, investissez-le dans votre plan de retraite.

Les enfants en premier, les parents ensuite.

Ce conseil rend les choses assez simples. Il devrait se retrouver à la fin du chapitre, mais il y a un seul problème : je ne suis pas certain qu'il soit bon.

Vous faites maintenant face à un nouveau choix : en qui devriez-vous placer votre confiance ? Le mathématicien brillant dont nous venons de parler ou un éditeur de livre de recettes qui travaille avec une calculatrice brisée ?

Examinons le problème.

Les REEE ne sont pas parfaits (qu'est-ce qui l'est ?), mais ils sont de très bons véhicules de placement. Les gains d'intérêt sur les contributions et sur les subventions sont à l'abri de l'impôt tant qu'ils restent dans le régime. Pouvoir faire croître son portefeuille sans que le gouvernement puisse venir réclamer quoi que ce soit, c'est une très bonne chose.

Lorsque l'argent est retiré au moment des études, les gains de placement et les subventions deviennent imposables, mais au nom de l'enfant. Le fractionnement du revenu à son meilleur ! Un jeune adulte a plus de chances de se retrouver avec un faible taux d'imposition, car, plutôt que de travailler à temps plein, il fait la fête. Pardon, « étudie ».

Jusqu'à présent, tout va bien. Et le meilleur reste à venir !

La Subvention canadienne pour l'épargne-études mentionnée plus tôt vous fournit un financement gouvernemental gratuit. Gratuit, c'est excellent ! La SCEE vous offrira un montant égal à 20 % de votre contribution jusqu'à un maximum de 500 $ par an et de 7 200 $ à vie par bénéficiaire.

Il est difficile de trouver mieux qu'un REEE, c'est une très bonne affaire. En effet, si vous contribuez 1 000 $ au régime de votre fille, le gouvernement fédéral y ajoutera 200 $! Que demander de plus?

Mais souvenez-vous, la question originale n'était pas « Est-ce qu'ouvrir un REEE est un investissement intelligent? », mais : « Cette année, devrions-nous investir dans notre plan de retraite ou établir un régime d'épargne-études pour les enfants? »

Ce type d'analyses comparatives implique des hypothèses subjectives qui peuvent en influencer drastiquement les conclusions. Par exemple, tous les avis supposent que les contributions rapporteront le même rendement sans égard au fait que vous l'investissiez dans un REEE, un REER ou un compte d'épargne libre d'impôt (CELI). Mais comme la période d'investissement d'un plan de retraite est plus longue et aurait permis d'investir de manière plus dynamique, sa contribution n'aurait-elle pas rapporté un rendement plus élevé?

Et il y a une autre question importante : « Qu'arrive-t-il si le bénéficiaire du REEE ne fait pas d'études postsecondaires? » Vous pourriez avoir à payer un montant important à l'impôt et devoir rembourser la subvention (SCEE).

Il ne s'agit pas d'une situation exceptionnelle, de nombreux enfants ne vont pas à l'université. Pourtant, les évaluations que j'ai examinées considèrent rarement ce scénario potentiel. J'ai tenté de le faire, mais les calculs deviennent alors trop complexes.

J'ai utilisé la formule de l'espérance basée sur la probabilité d'un enfant à atteindre les études supérieures. J'ai aussi tenté de tenir compte de toutes les variables importantes, du taux marginal d'imposition aux rendements sur investissements, aux montants des contributions pour un transfert du REEE au REER. Les permutations et les combinaisons étaient infinies.

Je sais que vous êtes en train de bâiller, et je ne vous blâme pas. Ce n'était pas une fin de semaine amusante. Quatorze heures et six Pepsi diète plus tard, j'en suis arrivé à une conclusion : je suis complètement nul.

Les comparaisons sont *toujours* plus difficiles à faire qu'elles le semblent. Il y a beaucoup de variables.

Cela dit, je dois concéder que les REEE sont un meilleur placement que les REER ou que les CELI à condition que le bénéficiaire fasse des études supérieures. Bien sûr, en déterminer les probabilités alors que l'enfant est en bas âge est un peu délicat. Mes parents n'auraient jamais cru que je me rendrais jusque-là, c'est certain.

Mais le problème est plus vaste. Pour commencer, cette comparaison est boiteuse, car on compare des choses complètement différentes, des pommes et des oranges. Nous n'essayons pas de déterminer laquelle de ces deux approches est la meilleure pour atteindre un but spécifique. Nous examinons deux approches qui ont chacune des buts distincts.

Avant de se mettre à faire des calculs, il faudrait donc décider quel objectif est le plus important.

La plupart des parents répondront instinctivement : « L'éducation de mon enfant. » Nous aimons nos enfants et, naturellement, nous voulons leur offrir ce qu'il y a de mieux. Par conséquent, nos valeurs familiales nous entraînent à opter pour le REEE pour y déposer notre épargne disponible.

Et c'est bien. Je n'ai jamais été assez effronté pour dire à quelqu'un : « Vous êtes fou de faire passer l'éducation de vos enfants avant votre propre plan de retraite. » Mais j'ai déjà, à l'occasion, encouragé plus gentiment les gens : « Si j'étais vous, je bâtirais plutôt mon REER ou mon CELI ou, du moins, je cotiserais autant en vue de l'avenir que de l'éducation des enfants. »

Pourquoi ? Parce que les gens *doivent* épargner pour leur retraite. Particulièrement ceux qui n'ont pas de régime de retraite. Naturellement, je n'aime pas beaucoup voir de jeunes adultes sortir endettés de l'université. Mais je préfère cette éventualité à celle de voir leurs parents lutter férocement pour leur survie à leur retraite.

Comme je l'ai mentionné plus tôt, c'est une décision difficile à prendre.

Un dernier point : si c'est possible, tentez de recruter les grands-parents pour vous aider avec les contributions au REEE. Ce n'est pas toujours possible financièrement, mais quand ce l'est, ceux-ci sont souvent ravis de s'impliquer.

J'admets que ce sujet est délicat à aborder. Ma suggestion? Procurez-vous quelques brochures de REEE et présentez-les à vos parents en leur disant : « Voici l'information que vous m'avez demandée. » Ils prendront un air confus et vous pourrez alors poursuivre : « Excusez-moi, c'est vrai, ce sont mes beaux-parents qui l'ont demandée. » Non seulement vous attirerez leur attention sur les REEE, mais vous parviendrez peut-être à les motiver en faisant appel à leur sens de la compétition et de la culpabilité.

Si vous vous sentez incapable de tant de machiavélisme, demandez à votre conjoint de le faire. C'est pour les enfants.

UNE IDÉE SIMPLE

«Dave, c'est Stéphane, j'ai 3 000 $ dans un de mes comptes. Je veux les mettre dans mes REER. Dans quoi devrais-je les investir?

— Quel est ton maximum déductible?

— Il est très élevé, car j'ai accumulé des déductions inutilisées au cours des années précédentes, mais ce n'est pas important, car je n'ai que 3 000 $.

— Et tu es certain que tu n'auras pas besoin de cet argent, pas même d'une petite partie pour tes prochaines dépenses?

— Non, je m'en sors très bien. Je vais tout investir.

— Tu devrais donc faire une contribution de 5 000 $.

— Quoi? Mais je viens de te dire que je n'ai que 3 000 $. Comment peux-tu en arriver à ce chiffre-là?

— Si ton taux marginal d'imposition est d'environ 40 %, une contribution de 5 000 $ va générer un remboursement de 2 000 $. Tes 3 000 $ seront donc suffisants.

— OK, je comprends, mais il y a un problème : où vais-je me procurer les 2 000 $ supplémentaires pour faire une si grosse contribution ? Je sais que je vais obtenir un remboursement, mais je dois tout de même commencer par faire la cotisation.

— Je m'en fiche où tu prends l'argent, mais fais-le. Prends-le dans ton fonds d'urgence. Emprunte-le à ta sœur. Prends-le sur ta marge de crédit. » Je peux à peine croire que je viens d'écrire cela. « Souviens-toi, tu vas le ravoir en mai ou un peu plus tard. À 5 %, les intérêts sur quatre mois seront de moins de 35 $. Mais tu auras contribué 67 % de plus à ton REER !

— Oui, mais je ne pourrai pas dépenser le remboursement que j'aurais reçu de ma contribution de 3 000 $. C'est combien, 1 200 $? J'aurais eu beaucoup de plaisir.

— C'est vrai, mais tu m'as dit tantôt que tu n'avais pas besoin des 3 000 $, ni en entier ni en partie. Tu sais que tu dois maximiser ton REER. Et c'est une bonne façon de le faire. Bien sûr, tu ne pourras pas dépenser les 1 200 $, mais épargner requiert des sacrifices. Tu as déjà fait la partie la plus difficile en mettant les 3 000 $ de côté. Pourquoi ne pas essayer d'en tirer le meilleur parti ? »

Il est très, très important de réfléchir à cette conversation fictive.

La plupart d'entre nous épargnent à partir de leur revenu après impôts. Mais en contribuant uniquement ces dollars après impôts plutôt que leur équivalent avant impôts, nous nuisons à notre REER. Et nous ajoutons souvent l'insulte à l'injure financière en dépensant notre remboursement.

J'en conviens, cette dépense n'est pas toujours évitable. Vous avez besoin du remboursement pour couvrir des paiements qui ont été repoussés pour accumuler ladite contribution. Je peux comprendre. La vie est chère, et épargner est difficile.

Mais 70 % du temps, quand j'explique cette stratégie de base aux gens, ils sont séduits. Comme Stéphane, ils n'ont pas besoin du remboursement pour payer des factures. Ils voient cet argent comme de l'argent trouvé. Oui, certaines personnes diligentes investissent le remboursement ou l'utilisent pour faire un remboursement anticipé sur leurs hypothèques, mais la plupart concèdent qu'il leur glisse généralement entre les doigts et finit par être dépensé. La seule raison pour ne pas utiliser cet argent afin de faire une plus grosse contribution est que personne ne leur a jamais montré comment effectuer ce calcul.

Pour d'étranges raisons, certains conseillers n'expliquent pas à leur client comment cela fonctionne. Ils le devraient.

Mais je n'ai pas fait beaucoup mieux. En fait, je suis mal à l'aise d'admettre que je n'ai pas présenté cette stratégie sur scène depuis des années. Je n'ai aucune excuse, car je sais qu'elle avait un impact considérable quand je la présentais.

C'est Talbot Stevens, un auteur et conférencier, qui m'a incité à inclure ce chapitre. Il m'a fait remarquer que ce sont souvent les idées les plus simples qui conduisent les gens à épargner davantage. C'est très vrai.

Les investisseurs qui comprennent réellement cette stratégie peuvent aller beaucoup plus loin. Ils n'ont qu'à déterminer combien ils devraient contribuer annuellement à leur plan de retraite et ainsi mettre en place les transferts préautorisés de leur compte de banque à leur compte REER pour cotiser mensuellement un douzième de ce montant. Ils n'ont ensuite qu'à remplir une demande de réduction des retenues d'impôt à la source auprès de l'Agence du revenu du Canada pour refléter les contributions REER déductibles.

Si nous reprenons notre exemple, Stéphane mettrait en place un transfert préautorisé de 417 $ par mois, soit 5 000 $ par an. Il remplirait ensuite une demande pour faire réduire ses retenues d'impôt de 167 $ par mois. Pourquoi ? Parce que sa contribution de 5 000 $ réduira ses impôts de 2 000 $ par an et ce montant divisé par douze équivaut à 167 $. Finalement, il aura 250 $ de moins par mois (417 $ - 167 $) par rapport à l'année précédente. Cela semble horrible, mais sur un an, ce sont les 3 000 $ qu'il mettait déjà de côté.

C'est simple, non ?

Une contribution REER plus importante. Aucune planification budgétaire nécessaire. Aucun emprunt requis.

J'adore.

Ai-je déjà mentionné aussi que j'étais un grand partisan de la stratégie « Payez-vous en premier » ?

LA BATAILLE DES ABRÉVIATIONS

Vous vous souvenez quand la vie était simple ? Vous deviez épargner et investir pour votre retraite, alors vous ouvriez un compte REER et contribuiez autant que vous le pouviez chaque année ?

Bien entendu, épargner était la partie la plus ardue. Et investir pouvait aussi être un défi. Mais, au moins, nous savions tous que le REER représentait la meilleure manière d'y parvenir.

Tout le monde l'affirmait. La femme à la télé. Votre conseiller. Le barbier riche. Même votre cousin je-sais-tout.

Et puis en 2009 est apparu le CELI, le fantastique compte d'épargne libre d'impôt. Hum. Soudain, une deuxième option vous permettant d'épargner pour votre retraite s'offre à vous. Que faire ?

Plusieurs personnes nous recommandent de mettre le montant maximum permis dans notre REER et dans notre CELI. Pour les gens gagnant des revenus élevés, sans enfants et qui vivent toujours au sous-sol chez leurs parents, c'est un très bon conseil.

Le reste d'entre nous devra probablement établir des priorités. Nous allons devoir déterminer quel véhicule privilégier.

Quand vous faites une contribution à votre REER, vous pouvez la déduire de votre revenu imposable. Les investissements faits à l'intérieur de votre REER croissent à l'abri de l'impôt tant qu'ils demeurent dans ce régime. Cependant, quand vous retirez des montants directement de votre REER ou de votre fonds enregistré de revenu de retraite (FERR) ou de la rente viagère dans laquelle vous avez transféré votre REER, ils deviennent imposables.

Je suis effrayé de constater combien de personnes ne comprennent pas entièrement ce dernier point. Je vois régulièrement des bilans où nous retrouvons la pleine valeur du montant individuel du REER dans la liste des actifs, mais qui ne sont pas contrebalancés par l'impôt à payer du côté des passifs.

Vous avez peut-être un REER de 110 000 $, mais vous avez un partenaire, le gouvernement, qui attend patiemment sa juste part. Ennuyeux mais vrai.

Essentiellement, le CELI est le reflet inversé d'un REER. Vous y contribuez en dollars après impôts. En d'autres mots, vous n'aurez aucune déduction pour vos contributions. Mais une fois que l'argent est à l'intérieur de ce plan, il ne fait pas que croître à l'abri de l'impôt, il en ressort aussi libre d'impôt. Aucun impôt, jamais. Fantastique !

Si vous n'aimez pas les CELI, je suis désolé, mais vous êtes cinglé. Mais vous n'avez pas à les aimer plus que les REER.

Quand le gouvernement fédéral a mis sur pied les CELI, il a produit un tableau similaire à celui-ci :

	CELI	VS	REER
Revenu avant impôts	1 000 $		1 000 $
Impôt	400 $		s. o.
CONTRIBUTION NETTE	**600 $**		**1 000 $**
Valeur, vingt ans plus tard, à un taux de croissance de 6 %	1 924 $		3 207 $
Impôt sur retrait (40 %*)	s. o.		1 283 $
RETRAIT NET	**1 924 $**		**1 924 $**

* Le taux marginal d'imposition : le taux sur le dernier dollar de revenu.

Jusqu'ici, j'ai tenté d'éviter les tableaux surchargés de chiffres, mais celui-ci est simple et plutôt éclairant. Il démontre précisément comment les contributions à un CELI sont faites en dollars après impôts alors que les retraits sont non imposables. Et que les contributions au REER sont faites en dollars avant impôts, mais que les retraits sont imposables. Oui, je sais, j'ai déjà expliqué tout cela, mais je crois qu'il est important de le répéter.

Le tableau démontre aussi que, si votre taux marginal d'imposition au moment de faire votre cotisation REER est le même que celui que vous aurez lorsque vous ferez vos retraits, le CELI et le REER fonctionnent aussi bien l'un que l'autre.

Même les gens qui ont des problèmes avec l'arithmétique peuvent comprendre que, si votre taux marginal d'imposition est plus bas au moment de faire vos retraits qu'au moment de la contribution, le REER sort gagnant. À l'inverse, si votre taux marginal d'imposition est plus haut au moment du retrait qu'au moment de faire votre contribution, le CELI arrive gagnant.

Facile, non? Il ne vous reste plus qu'à prédire quel sera votre taux marginal d'imposition au moment de vos retraits potentiels et à baser votre décision là-dessus.

Je suis vraiment déçu que ce ne soit pas aussi facile. J'aime la simplicité. Malheureusement, la réalité est plus compliquée que tous les tableaux du monde. Vraiment plus compliquée.

Dans le dernier chapitre, nous avons vu que plusieurs d'entre nous, sinon la plupart, contribuent à leur REER en dollars après impôts, puis dépensent le remboursement. J'espère que le chapitre « Une idée simple » changera tout cela, mais, pour l'instant, tenons-nous en à cette hypothèse. S'amuser en dépensant notre remboursement est devenu un rituel comme celui de jouer la première partie de golf de l'année ou de faire du jardinage le 24 mai, une tradition canadienne annuelle. Le rituel du printemps.

Examinons, un nouveau tableau qui reflète cette réalité :

	CELI	VS	REER
Contribution en dollars après impôts	1 000 $		1 000 $
Valeur, vingt ans plus tard, à un taux de croissance de 6 %	3 207 $		3 207 $
Impôt sur retrait (40 %)	s. o.		1 283 $
RETRAIT NET	**3 207 $**		**1 924 $**

Wow ! Le CELI frappe fort !

« C'est injuste, seriez-vous tenté de vous plaindre, vous oubliez d'inclure le remboursement de 400 $ que la contribution REER génère ! »

Non, je ne l'ai pas oubliée. C'est une chaise maintenant. Ou la moitié d'un iPad. Ou un vol pour Las Vegas.

C'est correct. Je ne dis pas que c'est de l'argent gaspillé ; les chaises sont très importantes, particulièrement quand vous désirez vous asseoir. Mais ces 400 $ ne vous aideront pas à planifier votre retraite et, ainsi, dans ce scénario, du point de vue de la planification financière, le CELI est le vrai gagnant.

Même si nous supposons que vous suivrez le premier tableau et contribuerez à votre REER le même montant après impôts qu'au CELI (1 000 $ et 600 $), la comparaison est encore plus compliquée qu'elle le semble.

Pourquoi ?

Quand vous faites un retrait de votre compte REER ou de votre FERR (ou recevez un montant de votre rente viagère dans laquelle vous avez converti votre REER), vous devez non seulement payer de l'impôt sur ce montant, mais votre revenu plus élevé pourrait aussi vous valoir une récupération sur les montants que vous avez reçus de la Sécurité de la vieillesse, du Supplément de revenu garanti ou de tout autre programme gouvernemental lié à vos revenus.

Aïe ! Les calculs ici sont encore plus complexes que ceux tentant de comparer les REER et les REEE. Beaucoup plus. Je n'ai pas l'habitude de boire, mais cela me donne envie de m'ouvrir une bière.

Et parlons des hypothèses ! Allez-y : tentez de prédire quel sera votre revenu imposable dans dix, vingt et trente ans. Et les taux d'imposition ? Est-ce que les règles de récupération auront été modifiées ? À la retraite, pourrez-vous encore fractionner votre revenu avec votre conjoint ? Votre conjoint se sera-t-il enfui avec une partie de votre revenu ?

Oh, je devrais peut-être plutôt me verser un scotch.

J'ai examiné une douzaine d'analyses dans Internet et elles ont toutes renforcé mon impression que cette comparaison représente un énorme défi. Par exemple, peu d'entre elles prennent en compte les effets qu'une contribution REER peut avoir sur le montant que les parents recevront de la Prestation fiscale canadienne pour enfants (PFCE). De plus, presque tous les chercheurs supposent que chaque dollar retiré d'un REER ou d'un FERR sera imposé au taux marginal d'imposition. Pensez-y, ce n'est pas toujours le cas. Si j'ai un revenu de retraite du gouvernement de 10 000 $ et que je reçois un paiement de 53 000 $ de mon FERR, ce n'est pas le *montant total* qui sera imposé au taux marginal d'imposition. Dans certains cas, il serait plus approprié d'utiliser le taux d'imposition moyen sur les retraits dans les calculs.

Je ne coupe pas les cheveux en quatre, ce dernier point ne doit pas être ignoré. Il représente, malheureusement, une partie importante de l'évaluation.

Réveillez-vous ! J'ai presque terminé.

Selon toutes les différentes hypothèses que j'ai utilisées, le CELI arrive gagnant un nombre surprenant de fois (même si en général la marge entre les deux reste mince). En fait, pour la plupart des personnes qui gagnent un revenu peu élevé, le CELI était victorieux dans une majorité de scénarios.

Cela dit, franchement, j'ignore quelle est la meilleure option pour vous. Au risque de me faire appeler « le barbier lâche », je crois qu'il serait irresponsable de tenter de donner une réponse définitive à cette question. Consultez votre conseiller, qui aura au moins la possibilité de pouvoir faire des hypothèses adaptées à votre situation. De plus, je suis certain qu'il y aura sous peu un logiciel ou une application qui vous aidera à prendre cette décision. Tentez de réfréner votre enthousiasme.

Mon dernier point est important. Sans blague ! Les CELI sont très flexibles. Vous pouvez en retirer les sommes investies à n'importe quel moment et les y remettre plus tard. Ce qui est célébré comme un avantage par plusieurs rédacteurs financiers me terrorise.

J'ai peur que plusieurs personnes qui utilisent le CELI comme un véhicule de placement pour la retraite aient des difficultés à s'empêcher de piller leurs propres fonds. Certains réussiront à se justifier : « Je vais juste en retirer un peu pour payer notre voyage, mais je le rembourserai l'année prochaine. » Le feront-ils ? Il est déjà suffisamment difficile d'épargner pour amasser la contribution de l'année. Alors qu'arrivera-t-il au moment de rembourser l'argent qu'on y a retiré ? Je suis sceptique. La raison pour laquelle j'ai si peu confiance en la discipline financière des gens, c'est que, après avoir passé des décennies à étudier leurs planifications financières, je *reste* toujours méfiant de leur peu de discipline en la matière. Et même si j'ai tort et que vous remboursez votre contribution, qu'arrive-t-il de la croissance que vous auriez pu obtenir si vous aviez laissé votre argent dans votre CELI ? Elle est perdue à jamais.

Rappel. 1) Si vous décidez de choisir le REER, ne dépensez pas votre remboursement. 2) Si vous décidez d'opter pour le CELI, ne le dépensez pas. 3) Peu importe l'option que vous aurez privilégiée, épargnez davantage !

« EN ÊTES-VOUS CERTAIN ? »

Ce chapitre aborde une erreur courante que j'ai observée plusieurs fois et dont je n'ai pourtant jamais entendu parler.

Pas un mot.

Et cette erreur n'est pas seulement réservée aux incultes du domaine financier. Elle est généralisée ; même les experts peuvent en être victimes.

Il y a deux ans, à une conférence, je me suis faufilé dans une discussion alors que la conférencière, une comptable, était en train de terminer. Un membre de l'auditoire lui a posé une question qui ressemble à celle-ci : « J'épargne 400 $ par mois pour ma retraite, est-il préférable de les investir dans un CELI ou de rembourser mon hypothèque ? »

La comptable lui a répondu quelque chose de très similaire à ceci : « Ce sont deux excellentes options. Le fait est que, si le rendement du capital investi dans votre CELI est le même que votre taux hypothécaire, les deux options auront le même effet. Mais, et c'est la clé, ce n'est vrai que si vous ne dépensez pas les liquidités que le remboursement de votre hypothèque va générer. Vous devez être discipliné et placer cet argent dans un CELI tous les mois. Donc plutôt que de mettre seulement 400 $ de côté par mois, vous allez devoir épargner le montant total de votre paiement hypothécaire mensuel jusqu'au moment où votre hypothèque aurait été remboursée. Et c'est à ce moment que vous reviendrez aux 400 $ par mois. »

Elle a ensuite fait un tour de table pour s'assurer que tout le monde avait compris. Ils ont tous acquiescé.

Mais était-ce la bonne réponse ?

Manifestement non, car sinon je n'en aurais pas fait un chapitre. Laissez-moi vous expliquer comment l'erreur est arrivée en utilisant un exemple.

Jocelyne et Huguette sont jumelles et, comme la plupart des jumelles, elles ont le même âge. Elles gagnent un revenu équivalent de 60 000 $ par année. Chacune vient tout juste d'acheter une maison à 250 000 $, avec une mise de fonds de 20 %. Elles ont toutes deux contracté une hypothèque au taux d'intérêt de 5 % et amorti leur prêt sur vingt-cinq ans. Leurs paiements mensuels sont de 1 150 $.

Jocelyne a estimé qu'elle devait épargner 5 000 $ par année pour financer sa retraite. Huguette, qui déteste les mathématiques, a décidé d'imiter sa sœur. La seule différence, c'est que Jocelyne a pris les 417 $ mensuels (5 000 $ ÷ 12) pour faire des paiements anticipés sur son hypothèque de 200 000 $. Huguette, elle, a contribué 417 $ par mois à son CELI et les a investis dans des obligations qui rapportent 5 %.

Vingt-cinq ans plus tard, les femmes sont toujours jumelles. Les paiements anticipés de Jocelyne lui ont permis de liquider son hypothèque dix ans plus tôt. Génial ! Cela fait, elle a commencé à contribuer le montant de son paiement hypothécaire mensuel, 1 150 $, à un CELI. (Oui, je sais qu'un jour elle ne le pourra plus en raison du montant de contribution maximal du CELI, mais cessez de me harceler avec les détails, sinon je me remets à vous parler de récupération fiscale.) Comme Huguette, elle a investi ce montant dans des obligations qui rapportent 5 %.

Vingt-cinq ans plus tard, Jocelyne finit avec une maison payée en entier et environ 180 000 $ dans son CELI.

Et qu'en est-il d'Huguette ? Elle a aussi une maison payée en entier, mais environ 250 000 $ dans son CELI.

Comment est-ce possible ? Pourquoi n'arrivons-nous pas au même montant ? Qu'est-ce qu'Huguette a bien pu faire pour finir avec plus d'épargne que sa sœur ? C'est simple.

Jocelyne a omis de continuer à épargner les 417 $ par mois une fois que son hypothèque a été remboursée. Voilà où la comptable a aussi commis son erreur. Elle a conseillé aux membres de l'assistance de contribuer le montant des paiements hypothécaires à un CELI *plutôt* que le montant d'origine. Ce qu'elle aurait dû dire, c'est qu'il fallait l'épargner *en plus*.

Certaines personnes trouvent que c'est d'une évidence insultante pour leur intelligence, mais la plupart des gens pensent que c'est contraire à la logique. Ils arguent : « Pourquoi Jocelyne devrait-elle continuer à épargner le montant d'origine alors qu'elle épargne encore plus ? »

Car, en vérité, elle n'épargne pas plus. En fait, elle n'épargne pas du tout. Non, elle ne fait que réinvestir de l'argent qu'elle a déjà épargné avec les rendements qui allaient avec. Elle a pris quinze ans de remboursements anticipés sur son hypothèque et les a placés dans des obligations à 5 % dans son CELI. Ce n'est que du vieil argent.

Des deux côtés, chaque dollar investi a obtenu un rendement de 5 % après impôts. Huguette a épargné 417 $ par mois durant vingt-cinq ans. Bien sûr, Jocelyne va devoir faire la même chose pour arriver au même résultat. C'est très simple en réalité, mais le remboursement de l'hypothèque le fait paraître compliqué.

Est-ce une erreur fréquente ? Oui, très fréquente. Plus de la moitié des personnes dont j'ai examiné les finances et qui avaient remboursé leurs hypothèques l'ont commise. Et le plus drôle c'est

que ces gens souhaitaient réellement épargner le montant approprié, ils ont juste bâclé leurs calculs. Lorsqu'ils le comprennent, ils
redressent immédiatement la situation.

Enfin, pas toujours immédiatement. La première chose que
les gens font, sans exception, quand je leur explique ce calcul est
de me demander : « En êtes-vous certain ? »

J'ai le sentiment qu'un bon nombre d'entre eux souhaitent
obtenir une seconde opinion.

Pourquoi personne ne me fait confiance ?

C'est à cause de Dash Lauxmont, notre cheval de course, n'est-
ce pas ?

UNE ÉTERNELLE INTERROGATION

«Devrais-je placer mon épargne dans un plan de retraite ou l'utiliser pour réduire mes dettes?»

Je ne veux même pas tenter d'estimer combien de fois on m'a posé cette question. Des membres des médias me l'ont posée. Des lecteurs me l'ont posée. Des amis me l'ont posée. Ma famille me l'a posée. Des étrangers me l'ont posée.

Quand je ferme les yeux, le soir, j'entends des murmures provenant de l'obscurité : «Hypothèque ou REER?» «Prêt étudiant ou CELI?»

Cela n'arrête jamais. Je ne peux y échapper. Je me suis même mis à répondre à cette question avant même qu'on me l'ait posée.

Au moins, j'ai eu beaucoup d'occasions de peaufiner ma réponse. Ce chapitre sera donc peut-être un peu compréhensible !

Et j'ai une autre bonne nouvelle : bâtir votre plan de retraite et payer vos dettes sont deux excellentes options.

Commençons par supposer que, dans votre situation, contribuer à un CELI est une meilleure option que de contribuer à un REER. (Je vous recommanderais de relire le chapitre « La bataille des abréviations », mais je crains que vous ne vous en soyez pas encore remis.)

Supposons aussi que, si vous choisissez l'option plan de retraite, vous n'allez pas cambrioler vos propres fonds pour un usage infâme. Comme une nouvelle terrasse.

Finalement, supposons que, si vous choisissez de payer vos dettes, vous ne commettrez pas l'erreur que je viens d'expliquer au chapitre précédent et ne dépenserez pas les liquidités ainsi libérées.

Dans ces circonstances, cette analyse est simple. Pour une fois.

Si le rendement sur vos investissements placés dans votre CELI est plus haut que celui de vos dettes, le CELI gagne. S'il est plus bas, le remboursement de la dette l'emporte. Si les taux sont les mêmes, alors les deux options sont également bonnes.

Sachant cela, devriez-vous contribuer à votre CELI ou rembourser la dette de votre carte de crédit à 18 % ? J'espère sincèrement que vous avez choisi cette deuxième option. Le rendement de votre remboursement est le taux d'intérêt qu'il vous permet d'éviter de payer. En remboursant votre carte de crédit, vous obtenez un rendement annuel de 18 %. Garanti ! Si vous croyez que les investissements de votre CELI vous rapporteront un rendement plus élevé que celui-là, vous avez besoin de consulter un professionnel. Et je ne parle pas d'un professionnel de la finance.

Et qu'en est-il de la proposition suivante : payer votre prêt pour la voiture ou contribuer à votre CELI ? La réponse dépend du taux d'intérêt de votre prêt. Si votre concessionnaire vous accorde un taux de financement peu élevé de 2 %, le CELI est probablement la meilleure option. Mais si un prêteur traditionnel vous offre un taux de 8 %, c'est autre chose. Obtenir 8 % de rendement sur vos investissements constitue un défi majeur. Ce n'est certainement pas impossible, mais vous allez devoir courir des risques considérables pour y parvenir. La plupart des gens s'entendent pour dire que, si vous pouvez obtenir un rendement garanti de 8 % après impôts, vous seriez fou de ne pas en profiter. Et je suis comme la plupart des gens.

Et maintenant, doit-on choisir de rembourser son hypothèque de 5 % ou d'investir dans son CELI ? C'est une question plus difficile.

Je vais débuter en disant que ce n'est jamais une erreur de rembourser son hypothèque. Le rendement après impôts est raisonnable, et il est garanti. Quant aux investissements, un pourcentage troublant d'entre nous ne parviendra pas à obtenir un taux de rendement aussi élevé. De plus, faire des remboursements anticipés sur votre hypothèque viendra souvent réduire votre stress et vous procurera beaucoup de fierté, deux gratifications fantastiques.

Plusieurs personnes du monde financier seront d'accord sur ces points, mais répliquent qu'un investisseur devrait pouvoir obtenir un rendement à long terme de plus de 5 % par an. Ils nous rappellent que le marché des actions au Canada et aux États-Unis rapporte des rendements annuels moyens de plus de 9 % depuis que les résultats sont compilés.

C'est un bon argument. J'aime l'idée de profiter du pouvoir extraordinaire du capitalisme en investissant dans un portefeuille d'actions diversifié. Oui, il y aura beaucoup de hauts et de bas (je hais les bas !), mais je reste confiant que les rendements seront solides sur une longue période. Je suis toujours optimiste à propos des rendements à long terme pour une raison simple : un nombre incroyable de gens brillants dans le monde entier travaillent chaque jour à imaginer de nouvelles façons d'améliorer nos vies. Cela peut sembler banal, mais je crois sincèrement en l'ingéniosité et en la créativité humaines, et je veux y participer !

Néanmoins, les actions représentent un risque. (Demandez-le aux Japonais.) Bien sûr, dans la plupart des cas, le risque s'atténue avec le temps, mais il demeure présent. Et rappelez-vous que, collectivement, nous ne recevons pas le rendement du marché, nous obtenons le rendement du marché moins les coûts. Pour la plupart de ceux qui sont passés maîtres dans l'art d'entrer et de sortir du marché au mauvais moment, le remboursement anticipé de l'hypothèque paraît assez intelligent. La partie la plus difficile consiste à admettre que *vous* êtes l'une de ces personnes.

Il y a quelques semaines, après une conférence, je discutais avec une jeune femme d'une vingtaine d'années qui se demandait si elle devrait rembourser son hypothèque ou épargner pour sa retraite. Elle était très inquiète et croyait que l'endettement des pays développés allait étouffer l'économie et nuire aux rendements du marché. Je lui ai répondu que, si c'était ce qu'elle pensait, rembourser son hypothèque semblait plus sensé.

«Je ne suis pas d'accord, a-t-elle répliqué. Je suis jeune et j'en ai encore pour des décennies à investir. J'espère que les marchés vont avoir des difficultés pendant que je vais commencer à acheter des actions. Je vais pouvoir bâtir mon portefeuille à bon prix et pouvoir profiter de l'achat périodique, comme nous l'a enseigné le barbier riche.»

La partie «légèrement plus sage» du sous-titre du livre vient officiellement d'être remise en question.

Une autre solution est de diversifier sa stratégie. C'est une façon élégante de dire d'investir une portion du montant épargné dans votre CELI et de rembourser votre hypothèque avec le reste. Un bon nombre de mes amis le font, et cela me convient. Cela me convient très bien, en fait. Comme je l'ai mentionné plus tôt, il est prudent d'investir *comme si* les actions allaient offrir des performances raisonnables ou bonnes à long terme, tout en sachant que rien n'est *certain*.

Une stratégie qui n'est généralement pas très heureuse consiste à choisir de faire des contributions au CELI plutôt que de rembourser votre hypothèque, mais de les investir dans des certificats de placement garanti (CPG). La plupart du temps, les taux des CPG sont plus bas que ceux des hypothèques, alors le remboursement de celles-ci vous aurait permis d'obtenir un meilleur rendement. C'est quand même mieux que de ne pas épargner du tout.

Si votre taux hypothécaire est variable, soit plus bas que les taux fixes, le remboursement vous offrira un rendement plus bas.

Mais rappelez-vous que le rendement va fluctuer avec le taux d'intérêt de la dette. C'est étrange de constater combien de personnes ne pensent pas à cela. Si, au cours du temps, votre taux variable passe de 3 % à 7 %, le rendement sur investissement de votre remboursement subira la même fluctuation. En d'autres mots, rembourser une hypothèque qui a un taux d'intérêt peu élevé peut aussi devenir une bonne affaire si les taux d'intérêt augmentent de façon significative.

Dernièrement, j'ai rencontré un bon nombre de personnes qui ont étiré leurs finances au maximum pour pouvoir prendre l'hypothèque la plus élevée à laquelle ils étaient admissibles. Dans la plupart de ces cas, je les enjoignais de rembourser leur hypothèque avant tout, surtout les premières années. Je suis très inquiet, car l'augmentation des taux d'intérêt aura un impact dangereux sur ce groupe. Si les taux augmentent beaucoup, non seulement ces gens ne seront plus en mesure d'épargner, mais ils seront peut-être incapables de payer leurs factures. Même ceux qui ont un taux d'intérêt fixe pendant plusieurs années pourraient éprouver des difficultés. Sur des amortissements de trente et trente-cinq ans, peu de capital est remboursé les premières années. Au renouvellement, le nouveau taux d'intérêt peut représenter un énorme problème. Certains répliqueront : « Ça ne sert à rien de s'inquiéter, on pigera dans notre CELI. » Mais si, au moment où vous en avez besoin, la valeur de vos investissements a diminué ? Malheureusement, les ventes forcées et la loi de Murphy semblent toujours marcher de concert.

OK, nous devons maintenant examiner un aspect plus important encore. Nous avons supposé que, dans votre situation, il était mieux pour vous de contribuer à un CELI qu'à un REER. Mais si ce n'était pas réellement le cas ? Et s'il était préférable que vous investissiez dans un REER ?

Je m'en veux d'avoir à vous infliger cela, mais nous allons devoir jeter un deuxième coup d'œil au tableau du chapitre « La bataille des abréviations ».

	CELI	vs	REER
Revenu avant impôts	1 000 $		1 000 $
Impôt	400 $		s. o.
CONTRIBUTION NETTE	**600 $**		**1 000 $**
Valeur, vingt ans plus tard, à un taux de croissance de 6 %	1 924 $		3 207 $
Impôt sur retrait (40 %*)	s. o.		1 283 $
RETRAIT NET	**1 924 $**		**1 924 $**

* Le taux marginal d'imposition : le taux sur le dernier dollar de revenu.

Avec votre REER, vous devez essentiellement investir 600 $, et le gouvernement, 400 $, pour un total de 1 000 $. Plus tard, au retrait, vous conserverez la partie que vous avez investie (comme pour le CELI), mais vous devrez remettre la part du gouvernement de 40 %. Il est clair que les REER et les CELI arrivent au même résultat.

Mais si vous payez un taux d'imposition plus élevé lors du retrait de votre REER (incluant les récupérations) que le taux d'imposition auquel vous avez contribué à l'origine, vous n'avez pas seulement la part du gouvernement à lui rembourser, mais vous allez devoir lui en donner un peu plus, provenant de votre part. Zut ! Quand cette situation se produit, les CELI gagnent : avec eux, vous pourrez conserver toute votre part.

Pourtant, si vous payez un taux d'imposition plus bas sur vos retraits REER (incluant les récupérations) que celui auquel vous avez pris la déduction originale, vous conserverez non seulement votre contribution originale, mais aussi une partie de celle du gouvernement. Super ! Le CELI ne peut rivaliser avec cela. Et un remboursement hypothécaire aurait des problèmes à le concurrencer aussi.

En résumé, quand vous effectuez un retrait d'un REER à un taux plus bas que celui de votre contribution initiale (incluant les récupérations), les REER sont formidables. Ne laissez personne vous dire le contraire. Malheureusement, comme nous l'avons découvert, tenter de deviner quel sera votre taux d'imposition lors du retrait est une affaire risquée.

L'expert financier Malcolm Hamilton est actuaire et partenaire chez Mercer à Toronto. C'est un homme très brillant. Il a été médaillé d'or en mathématiques à l'université (pas moi). Et, pourtant, quand on lui demande quelle option est la meilleure entre rembourser son hypothèque, cotiser à son REER ou à son CELI, il préfère laisser tomber l'analyse comparative et répond que toutes ces solutions sont bonnes, qu'il faut juste s'y mettre. La procrastination est l'ennemie !

« Devrais-je rembourser mon hypothèque ou financer mon plan de retraite ? »

Oui, immédiatement.

INÉBRANLABLE

Plus de deux décennies plus tard, je ne peux toujours pas croire à quel point un grand nombre d'agents d'assurances ont été offusqués quand *Un barbier riche* a été mis sur les tablettes. Armand Meilleur recommandait l'assurance temporaire aux personnages du livre et, vraiment, ce conseil a été très mal reçu par certaines personnes de cette industrie.

En réalité, c'est un euphémisme, car certains agents étaient si furieux qu'ils ont répandu la rumeur que j'avais fait faillite en suivant mon propre conseil. Certains autres ont prétendu que j'étais dans une prison américaine pour fraude.

Plusieurs agents étaient d'accord avec mon point de vue, et la plupart de ceux qui ne l'étaient pas sont restés très professionnels. Malgré cela, les pommes pourries m'ont causé beaucoup de stress. J'en ris maintenant, mais, quand c'est arrivé, je n'étais pas très heureux que des gens pensent que j'étais derrière les barreaux. C'est devenu tellement infernal que j'ai dû menacer d'intenter un procès pour faire cesser les rumeurs.

Les responsables ont cessé d'inventer de fausses histoires à mon propos et ont plutôt commencé à dire aux clients qui citaient mon livre que j'étais un idiot. Sachant que plusieurs de mes amis auraient été plus qu'heureux de leur en apporter des preuves, j'ai laissé tomber l'idée de les poursuivre en justice.

Plusieurs années ont passé, et je reste inébranlable. Je recommanderais toujours une assurance temporaire pour les trois personnages d'*Un barbier riche,* ainsi que pour la vaste majorité des Canadiens qui ont besoin d'assurances.

Oubliez le nombre effarant de noms de produits, l'assurance-vie vient principalement en deux saveurs : l'assurance temporaire et l'assurance avec valeur de rachat.

Avec une assurance temporaire, vous obtenez une couverture pour une période déterminée. Si l'assuré meurt avant la fin de cette période, le bénéficiaire récolte la valeur nominale de la police. Sinon il ne reçoit rien.

Il n'y a rien de bien compliqué dans tout cela.

Un petit pourcentage des agents d'assurances pense que ce type de polices est une bien mauvaise idée. J'ai été interpellé par l'un d'entre eux, lors d'une conférence, il y a plusieurs années. « Les assurances temporaires, c'est de l'arnaque ! a-t-il crié. Si vous ne mourez pas, vos primes sont perdues et elles ne vous auront rien rapporté. Pourquoi recommandez-vous quelque chose d'aussi stupide ? »

Oh, cet homme ne savait pas à qui il avait affaire. N'était-il pas au courant de mon passé houleux en prison ?

Je lui ai poliment demandé s'il avait une assurance-incendie sur sa maison. Quand il a confirmé qu'il en avait bien une, je lui ai posé la question suivante : « Selon votre logique, est-ce stupide ? Si votre maison ne brûle pas, vos primes seront perdues et elles ne vous auront rien rapporté. »

Il s'est rassis et a murmuré quelque chose à mon propos impliquant le mot « idiot ». Pourquoi utilisent-ils toujours le même mécanisme d'autodéfense ?

Les assurances avec valeur de rachat (dont les assurances-vie entières, universelles et variables) sont la combinaison d'une assurance-vie et d'une composante épargne. Le problème n'est pas là. Beaucoup d'entre nous ont besoin d'une assurance-vie, et nous avons tous besoin d'épargner. Une police avec valeur de rachat vous aidera à atteindre ces deux objectifs.

Mais est-ce la façon la plus efficace de procéder?

Quand on y pense, et j'espère que vous ne le faites pas trop souvent, toutes les assurances sont temporaires. Les probabilités que vous mouriez ne sont pas du tout influencées par le type de polices que vous détenez. Ainsi, quand vous achetez une assurance-vie avec valeur de rachat, chaque année, la compagnie d'assurances doit déduire des frais liés à votre décès potentiel, comme celui des assurances-vie temporaires, de votre valeur de rachat. Le reste de l'argent accumulé dans votre compte pourra être investi dans une grande variété d'instruments, selon le type de polices.

Il y a cependant plusieurs raisons pour lesquelles regrouper votre assurance-vie temporaire avec votre épargne et vos investissements peut ne pas être votre décision la plus prudente, dont celles-ci : 1) les frais liés à la possibilité de votre décès (c'est-à-dire les primes de l'assurance-vie temporaire) prélevés à même les assurances-vie avec valeur de rachat sont presque toujours plus élevées que les primes des assurances-vie temporaires cotées sur le marché ; 2) les frais sur la portion investissement sont aussi généralement supérieurs à la plupart de ceux des véhicules équivalents ; 3) bien que les assurances-vie avec valeur de rachat offrent l'occasion de reporter l'impôt, les CELI et les REER sont encore plus avantageux fiscalement.

À quoi est-ce que je veux en venir?

Si vous avez besoin d'une assurance-vie, je crois toujours qu'il est préférable d'acheter une assurance-vie temporaire jusqu'à ce que vous ayez pleinement profité des avantages des CELI et des REER et que vous ayez entièrement payé vos dettes et votre hypothèque.

Si vous vous retrouvez dans la position enviable où vous avez accompli tout ce qui précède, il pourrait valoir la peine d'examiner les possibilités d'acquérir une assurance-vie avec valeur de rachat. Assurez-vous toutefois d'en vérifier les coûts, ils peuvent transformer une bonne idée théorique en une idée mauvaise en pratique.

À propos, j'ai fait lire ce chapitre à quelques-uns des actuaires les plus intelligents que je connaisse, dont Malcolm Hamilton. Tous, même ceux qui travaillent pour d'importantes compagnies d'assurances, ont été d'accord avec mes propos.

Et, non, aucun d'entre eux n'est en prison.

UN GRAND PAS

Comment votre conseiller est-il payé ? Combien avez-vous déboursé l'an passé pour les conseils qu'il vous a donnés ? Votre portefeuille a-t-il obtenu une bonne performance au cours des dernières années ?

Regard vide.

C'est la réponse que j'obtiens de plus de 80 % des personnes à qui je pose ces questions.

L'industrie des conseils financiers doit être la seule au monde où les clients ne savent pas ce qu'ils ont acheté ni combien ils ont payé pour l'obtenir.

Peut-être ont-ils obtenu d'excellents conseils à bon prix, mais comment peuvent-ils le savoir ?

C'est rien de moins qu'étrange. Considérons cet exemple :

Propriétaire d'une franchise de la LNH :	«Combien payons-nous l'entraîneur?
Directeur général de l'équipe :	—Je n'en ai aucune idée.
Propriétaire d'une franchise de la LNH :	— Eh bien, fait-il au moins un bon travail? Quel est son bilan en fonction des attentes? Des objectifs? Des autres équipes? De l'entraîneur précédent?
Directeur général de l'équipe :	— Ce sont d'excellentes questions. Je n'ai pas vraiment vérifié notre situation. Je ne veux pas me laisser distraire par cela, je suis certain que tout va bien. Et c'est un super bon gars. »

C'est un peu bête. La performance et les coûts sont importants. Mais pour pouvoir les évaluer, vous devez les connaître.

Actuellement, notre gouvernement et l'industrie de la finance tentent conjointement d'améliorer la culture financière des Canadiens. J'approuve cette initiative. Mais faisons un pas supplémentaire en fournissant à *tous* les clients des relevés clairs détaillant les performances et la ventilation des coûts de leurs investissements sur une base annuelle.

Les clients le méritent.

Les bons conseillers le désirent.

Le bon sens l'exige.

POT-POURRI

1. Regardez *Inside Job*, un documentaire ayant remporté un Oscar, portant sur la crise de la dette. Cela peut sembler ennuyeux, mais même mes enfants l'ont apprécié. C'est tout dire.

2. Ellen Roseman du *Toronto Star* et de www.moneyville.ca est l'une de mes journalistes préférés. Elle est capable d'écrire de façon intelligente à propos de n'importe quel sujet lié aux questions d'argent, mais j'aime particulièrement les articles où elle se porte à la défense des consommateurs. Ses chroniques sont divertissantes et remplies de bons conseils. Une autre personne dont j'admire le travail et qui est une excellente éducatrice de la manière de vivre selon ses moyens est Gail Vaz-Oxlade, l'auteure et animatrice de l'émission *Til Debt Do Us Part*. Son approche franche et directe est précisément le genre de signal d'alarme dont plusieurs ont besoin. Elle m'intimide.

3. Si vous achetez directement des actions de compagnies indivi-
duelles et non dans des fonds mutuels ou des FCB, soyez prudent. Très prudent. La vitesse et la férocité de la concurrence
dans notre monde moderne sont tout bonnement effrayantes.
Une compagnie peut sembler solide et prometteuse un jour,
mais être ébranlée le lendemain par l'arrivée sur le marché
d'une nouvelle technologie ou d'une idée innovatrice élaborée
par une compagnie inconnue établie à l'autre bout du monde.
Souvenez-vous, quand vous investissez dans une compagnie,
vous achetez en réalité une part de la valeur actualisée des profits futurs et il est de plus en plus difficile de prévoir raisonnablement de quel ordre seront ces profits.

4. Il est devenu presque impossible de déchiffrer les états financiers
de plusieurs compagnies publiques. Les entreprises modernes
sont des entités complexes qui font souvent des affaires partout dans le monde. Leurs *vérificateurs* se font avoir régulièrement, pour l'amour du ciel ; comment pourrions-nous les comprendre nous-mêmes ?

5. Si vous insistez pour bâtir votre propre portefeuille d'actions
plutôt que d'acquérir des fonds mutuels ou des FCB, il est
probablement plus sage de privilégier les actions de compagnies qui paient systématiquement des dividendes substan-
tiels. De façon cumulative, ce groupe a tendance à dépasser
les performances des actions ordinaires et à être moins
volatil. Bonne combinaison. Est-ce que les performances
des actions privilégiées continueront à surpasser celles des
actions ordinaires ? J'aimerais en être certain, mais je crois
que la chance est de leur côté. Les dividendes ont constitué
une partie importante et souvent sous-estimée du rendement total du marché nord-américain au cours des dernières
décennies. Comme les Anglais avaient l'habitude de dire :
« Le lait des vaches, les œufs des poules. Une action, pour ses
dividendes. »

6. J'ai aussi découvert que les investisseurs qui possèdent un
portefeuille diversifié d'actions privilégiées sont générale-

ment moins enclins à céder à la panique durant les reculs des marchés. Rassurés par la volatilité plus faible et par le paiement continu de dividendes, ils parviennent à maintenir le cap durant les moments difficiles.

7. J'adore le concept des plans de réinvestissement des dividendes. Plusieurs compagnies du monde entier, dont quelques-unes ici au Canada, offrent aux investisseurs l'option de réinvestir leurs dividendes en nouvelles actions. La plupart du temps, il n'y a aucune commission à payer et, quelquefois, l'investisseur peut bénéficier d'un rabais par rapport aux prix du marché. Ainsi, plusieurs firmes de courtage à escompte se joignent à elles et aident les clients à établir ce genre de régime dans un compte consolidé. Épargne forcée, rendements composés, frais nuls, facilité : que demander de plus ?

8. *The Little Book of Big Dividends*, de Charles B. Carlson, vaut la peine d'être lu. Il fait preuve de beaucoup de bon sens et explique clairement ce qu'il faut faire et ne pas faire pour investir dans les actions payant des dividendes.

9. Vous devriez lire les textes de Rob Carrick du *Globe and Mail* et de Jonathan Chevreau du *National Post*. Ce sont des chroniqueurs chevronnés et passionnés qui aident les Canadiens à gérer leurs finances personnelles. Ils ne mettent pas de gants blancs ! Je crois que ces deux journaux nationaux ont d'excellentes équipes de chroniqueurs en gestion financière. Est-ce que je le mentionne seulement dans un effort désespéré d'obtenir une bonne critique à propos de ce livre ? Je ne suis certainement pas au-dessus de ce genre de comportement, mais, non, je le pense réellement.

10. Si, au travail, vous avez un REER collectif et que votre employeur vous offre de verser un montant égal, ou même juste une partie, à votre contribution personnelle, profitez-en. J'ai fait une conférence dans une compagnie il y a quelques années, et 25 % des employés n'y avaient toujours pas adhéré. Ils se privaient d'un rendement instantané de 100 % ! Je ne comprends pas pourquoi.

11. Dans le monde des fonds mutuels, vous entendrez souvent l'expression « ratio des frais de gestion », soit le pourcentage annualisé des actifs du fonds que ses détenteurs paient pour couvrir les frais de gestion, les dépenses administratives, les frais de distribution et les coûts d'exploitation.

12. La portion des frais de distribution du ratio des frais de gestion est essentiellement la commission payée à votre conseiller. En d'autres mots, sa compensation est incluse dans le ratio des frais de gestion plutôt que d'être facturée directement. Alors si le ratio des frais de gestion d'un fonds d'actions est de 2,3 % et que les frais de distribution sont de 1 %, vous payez 1,3 % à la compagnie de gestion du fonds pour ses services et 1 % à votre conseiller pour ses conseils de planification financière et ses recommandations.

13. Est-ce que votre conseiller vaut 1 % ? Je n'en ai aucune idée. Plusieurs le valent, d'autres non. Vous savez déjà que je ne crois pas que les conseillers soient mieux placés que la plupart d'entre nous pour prédire quels fonds mutuels surpasseront les résultats du marché. Je pense donc qu'il s'agit du salaire à payer pour leurs conseils de planification financière. Votre conseiller vous a-t-il aidé à élaborer votre plan ? C'est manifestement la clé ! Vous a-t-il offert des conseils fiscaux ? A-t-il évalué vos besoins en assurance ? Vous a-t-il assisté pour bâtir un portefeuille d'investissement cohérent en fonction de vos buts et de votre tolérance au risque ?

14. Les médias financiers soulignent souvent que les compensations basées sur les commissions peuvent influencer le jugement des conseillers. C'est indubitable et, malheureusement, j'en vois fréquemment la preuve. Néanmoins, il est aussi vrai que plusieurs conseillers payés à commission font un excellent travail. En fait, récemment, j'ai lu plusieurs plans très impressionnants produits par ce groupe. Certains conseillers laissent des préoccupations égoïstes influencer leurs recommandations, mais nous ne devrions pas mettre tout le monde dans le même panier.

15. Il y a un autre problème que je remarque presque aussi souvent que celui de donner de mauvais conseils, c'est ne pas donner de conseils du tout. Je suis très frustré par le nombre de personnes que je rencontre qui paient des frais de gestion à des conseillers à qui ils ne parlent presque jamais. Et quand ils les rencontrent, c'est souvent seulement pour leur soutirer le chèque de leurs contributions annuelles. Mauvais.

16. Je n'ai aucun problème avec le fait que votre institution financière et votre conseiller fassent de l'argent. Et même beaucoup d'argent. Comme je l'ai mentionné, plusieurs de mes plus proches amis travaillent dans l'industrie. Mais il y a un nombre élevé de produits financiers au Canada qui sont trop chers. Par exemple, certains fonds mutuels dont le ratio des frais de gestion est de 3 %. Les personnes qui croient qu'il s'agit d'un coût raisonnable pour les clients ont une méconnaissance fondamentale de l'arithmétique, des rendements du marché ou des deux. Oui, contrairement à mes habitudes, je suis catégorique à ce propos.

17. Plusieurs conseillers sont passés à un modèle de rémunération forfaitaire. Certains facturent un montant fixe ou un tarif horaire, mais la plupart exigent un pourcentage de l'actif. Ce modèle permet d'éviter les conflits d'intérêts potentiels du modèle à commission, et ses coûts sont plus transparents. Je pense que beaucoup vont suivre leur exemple. Néanmoins, pour les clients qui possèdent un portefeuille avec un faible taux de roulement, le bon vieux modèle à commission constitue une meilleure affaire. À chaque cas son approche.

18. Je ne suis pas très bon pour faire des prédictions. Eh bien, en fait, je le suis, mais pas pour faire des prédictions qui se réalisent. En voilà une, cependant, en laquelle j'ai une très grande confiance : au cours des prochaines années, le coût des produits et conseils financiers diminuera considérablement. La concurrence est forte, et les consommateurs sont de plus en plus éduqués, une combinaison puissante.

19. J'ai toujours de la difficulté à répondre quand les gens me demandent comment choisir un bon conseiller. Et puis, il y a environ un an, une femme m'a posé cette question, mais d'une manière légèrement différente : « Quel est le dénominateur commun des meilleurs conseillers que vous avez croisés au cours de votre vie ? » Hum, cette question m'a fait réfléchir et j'ai été surpris que trois éléments me viennent spontanément à l'esprit. 1) Les meilleurs conseillers sont d'excellents communicateurs. Ils savent comment écouter, comment éduquer et comment superviser. 2) Ils adorent s'informer sur tout ce qui est en relation avec le monde de l'argent. C'est probablement la raison principale pour laquelle ils ont développé leurs compétences en communication. 3) Ils passent leur temps à élaborer et à mettre en place des plans financiers solides et non à essayer de surpasser les performances du marché. Il est difficile de surestimer l'importance de cette dernière observation.

20. Dianne Maley du quotidien *The Globe and Mail* et Andrew Allentuck du *National Post* examinent chaque samedi un cas particulier de finances familiales. Ils offrent beaucoup d'information en peu de lignes. J'aime la façon dont ces deux chroniqueurs, et le conseiller qu'ils consultent, n'ont pas peur de dire les choses exactement comme elles sont.

21. C'est surprenant de voir le nombre de plans financiers familiaux où le REER est entièrement constitué de liquidités, ce qui ne rapporte à peu près rien. Être conservateur est une chose, mais tout en liquidités ? C'est insensé. Ces investisseurs devraient au moins acheter quelques CPG pour augmenter leur rendement.

22. Gardez votre testament à jour. C'est ridicule de voir combien des gens pourtant responsables ne le font pas. Cela prend peu de temps et d'argent, mais cela peut faire une *énorme* différence pour vos proches.

23. Ne rédigez pas vous-même votre propre testament ! Un notaire d'expérience ne vous aidera pas seulement à éviter de commettre des erreurs, mais il soulèvera des questions auxquelles vous n'auriez probablement pas songé si vous l'aviez fait vous-

même. Alors que je vous pousse normalement à essayer de diminuer les coûts, dans ce cas, n'essayez pas de faire des économies de bouts de chandelle.

24. Songez *très* sérieusement au choix de votre exécuteur testamentaire. C'est une tâche difficile qui requiert de l'intelligence, d'être attentif aux détails et une bonne aptitude pour les relations humaines. Ne reléguez pas cette tâche par défaut à votre meilleur ami ou à des enfants adultes.

25. De grâce, assurez-vous que votre famille et votre exécuteur pourront trouver votre testament. C'est incroyable à quel point celui-ci est souvent introuvable. De plus, laissez-en toujours une copie au bureau de votre notaire.

26. Dans toutes les provinces du Canada, sauf au Québec, un testament est révoqué en cas de mariage à moins qu'il ne soit spécifié qu'il est rédigé en prévision de ce mariage. Aïe, pouvez-vous imaginer combien de problèmes ce petit détail si peu connu peut causer quand des gens qui ont des enfants se remarient ?

27. Lisez le livre *The 50 Biggest Estate Planning Mistakes… and How to Avoid Them* de Jean Blacklock et Sarah Kruger. Il est exceptionnellement bien fait.

28. Quand vous analysez vos besoins en assurance-vie, rappelez-vous que nous sommes dans un environnement où les taux d'intérêt sont bas. Trop de personnes supposent qu'elles pourront obtenir un rendement de 8 % sur le produit de l'assurance à la mort d'un membre de la famille. C'est peu probable. Cette erreur conduit beaucoup de familles à se procurer une couverture insuffisante.

29. Il existe plusieurs très bons blogues rédigés à l'intention des Canadiens, beaucoup trop pour en faire la liste exhaustive. Mais je veux en mentionner quatre que vous devriez visiter régulièrement. Le premier, www.squawkfox.com, est un site remarquable. Sa rédactrice se nomme Kerry Taylor. C'est une femme comme je les aime, elle combine à merveille conseils judicieux et sens de l'humour. Le site www.canadiancapitalist.com, qui est dirigé par Ram Balakrishnan, est exceptionnel. Il écrit très bien et couvre un tas de sujets intéressants et utiles. Rédigé

par Preet Banerjee, www.wheredoesallmymoneygo.com est un autre site qu'il vaut la peine de visiter. Il a un point de vue particulier sur une grande variété de sujets. Preet est beaucoup plus intelligent que moi et il s'habille aussi mieux que moi. Je ne l'aime pas. Finalement, le site www.canadianbusiness.com/author/larrymacdonald est extrêmement bien fait. Larry est un ancien économiste, mais je ne lui en veux pas pour cela. J'aime sa plume et je lis souvent ses articles. Les sections commentaires de ces blogues sont fantastiques. La plupart des lecteurs qui y publient leurs opinions sont bien informés et présentent des points de vue très pragmatiques. J'ai beaucoup appris d'eux.

30. Mon livre préféré sur la planification fiscale est *101 Tax Secrets for Canadians* de Tim Cestnick. Il est mis à jour tous les deux ans, et l'auteur réussit à en rendre la lecture agréable. OK, tolérable. Ou presque. Il s'agit quand même d'un livre de planification fiscale. Avec plein d'excellents trucs.

31. Plus je vieillis, plus je recommande aux gens de diversifier *très* largement leur portefeuille. Personne ne peut être constamment au bon endroit au bon moment. Et même si quelqu'un le pouvait, il serait suffisamment intelligent pour ne pas partager l'information avec le reste d'entre nous.

32. J'avertis toujours le public, lors de mes conférences, de ne pas prêter attention aux prévisions économiques, alors je me sens un peu hypocrite de vous dire ceci : le degré d'endettement des pays développés va tempérer la croissance du PIB pendant un long moment. Cela veut non seulement dire de diversifier vos investissements entre différents titres et classes d'actifs, mais aussi en investissant dans des régions géographiques variées. Il peut aussi être sage de diminuer le rendement projeté de votre portefeuille. (Espérons que j'aie tort… encore une fois.)

33. Je ne sais pas du tout quoi dire aux jeunes gens qui cherchent présentement à acquérir une maison à Toronto ou Vancouver. Je ne les envie pas. Oui, les faibles taux d'intérêt permettent de conserver un service de la dette au minimum, mais ils ont contribué à l'augmentation du prix des maisons à un niveau

trop élevé par rapport aux revenus. Le coût de la vie dans ces villes rend difficile une planification financière adéquate, même pour les plus disciplinés. Les nouveaux acheteurs sont *forcés* de se serrer la ceinture et ils essaient de survivre jusqu'à ce que leurs revenus augmentent suffisamment pour leur donner la possibilité d'épargner. Ce n'est pas une situation idéale.

34. Je suis toujours surpris (très surpris) de voir combien peu de retraités achètent des rentes viagères. Plusieurs d'entre eux n'ont aucun régime de retraite lié à leur travail et il serait avisé de transformer une partie de leur épargne pour établir un revenu mensuel. Ce revenu non seulement élimine le risque de vivre plus longtemps que son argent, mais offre aussi un réconfort psychologique. Pourquoi n'y a-t-il pas plus de Canadiens qui s'intéressent à ces produits? Eh bien, certains attendent que les taux d'intérêt augmentent. La plupart, néanmoins, craignent de se faire frapper par un autobus immédiatement après leur achat et d'abandonner ainsi tout leur argent à la compagnie d'assurances. Néanmoins, il y a de nombreuses manières de se protéger contre cela (les compagnies d'assurances et non l'autobus). À propos, ne faites affaire qu'avec des compagnies de haut niveau, car la compagnie d'assurances doit vivre plus longtemps que vous! De plus, même si je pense qu'elles sont sous-utilisées, n'exagérez pas. Les rentes viagères sont appropriées pour une partie seulement de votre portefeuille, mais pas pour tout.

35. On me demande fréquemment combien de fois je recommande à mes enfants de se payer en premier. La question ressemble souvent à celle-ci: «Ont-ils tenté de vous débrancher jusqu'à présent?» Oui, mais pas pour cette raison. J'essaie de ne pas trop leur faire la leçon. Heureusement, ils n'en ont pas vraiment besoin, aucun des deux n'est dépensier. Ils ne sont pas du tout axés sur l'accumulation de biens matériels. Je dois pourtant admettre que je leur recommande constamment de vivre dans des maisons qui sont modestes par rapport à leurs revenus. Scott m'a prouvé qu'il l'avait bien compris en déménageant dans mon sous-sol.

UN HOMME ET SON PLAN

Quand j'ai fait mon entrée dans l'industrie de la finance (non, ce n'était pas dans les années 1940), j'ai fait une rencontre qui a eu une grande influence sur ma façon de penser.

En fait, elle a produit un plus grand impact sur moi que n'importe quel livre que j'ai pu lire ou séminaire auquel j'ai assisté.

À ce moment, j'étais courtier en valeurs mobilières et j'écrivais des articles pour une revue d'affaires locale, *Exchange Magazine.* Un fermier du coin, dans la jeune cinquantaine je crois, m'a rendu visite à mon bureau. Il a affirmé qu'il appréciait mon style d'écriture inhabituel (je ne suis pas certain de ce qu'il voulait vraiment dire) et il voulait avoir mon point de vue sur son plan financier et sur sa stratégie d'investissement.

«Comme je ne les ai pas écrits, je vais juste vous les dire», a-t-il commencé.

Oh, oh. Je suis toujours sincèrement heureux d'aider, mais je me suis imaginé pris au piège pendant des heures, forcé d'écouter le contenu complet de son portefeuille et les raisons de chaque décision.

« Ma femme et moi utilisons un transfert préautorisé de notre compte chèques pour cotiser la contribution maximale à notre REER chaque année. Je fais aussi des contributions au régime de ma femme pour que nous en arrivions au même montant lors de notre retraite. Nous désirons des revenus égaux pour des raisons fiscales. »

J'ai tenté de l'interrompre pour lui confirmer que son approche était très sensée, mais je n'en ai pas eu l'occasion.

« J'ai investi la moitié de mon portefeuille REER dans des CPG. Je préfère ceux à long terme parce que les taux d'intérêt sont plus hauts, mais, généralement, j'essaie de le diviser pour avoir des CPG qui arrivent à terme tous les ans. L'autre moitié, je l'ai investie dans des actions de grosses compagnies canadiennes et je profite de leur plan de réinvestissement des dividendes quand c'est possible.

« En dehors de nos REER, tout l'argent supplémentaire va au paiement de nos dettes. Nous avons fini de payer notre hypothèque il y a deux ans.

« Depuis, j'ai utilisé l'argent des paiements hypothécaires pour aider notre fils à payer ses frais universitaires et pour acheter des actions de compagnies stables, comme les banques ou les services publics.

« Notre testament est à jour et notre police d'assurance-vie temporaire 100 ans permettra de payer les impôts que la succession devra payer sur la vente de la ferme à notre décès.

« Et voilà, ce n'est rien de bien compliqué. »

J'ai examiné des milliers de plans financiers au cours des années. Certains font plus de cinquante pages. Feuilles de calcul, diagrammes circulaires, prévisions complexes et recommandations détaillées, reliés spirale et jolie couverture.

Peu d'entre eux, néanmoins, sont aussi bons que celui du fermier.

Je dois admettre que mon jugement est influencé par mon affection pour la simplicité. Malgré tout, au cours des ans, j'ai transmis son plan aux professionnels de la finance les plus malins que je connais et ils ont *tous* convenu qu'il était excellent.

Évidemment, aucun plan n'est bon pour tout le monde, alors ne vous précipitez pas pour le reproduire. Mais il y a beaucoup plus à apprendre de ce chapitre qu'il n'y paraît au premier abord.

Le fermier et sa femme vivaient selon leurs moyens. Ils utilisaient l'épargne forcée. Ils profitaient de leurs REER et du pouvoir des intérêts composés. Ils s'arrangeaient pour maintenir les coûts au plus bas. Ils planifiaient à long terme.

« Rien de bien compliqué. »

Armand Meilleur, le barbier riche, aurait été du même avis.

REMERCIEMENTS

J'ai fait beaucoup d'erreurs dans ma vie, mais, pour des raisons indépendantes de ma volonté, je suis parvenu à suivre le meilleur des conseils : « Choisis bien tes parents ! » Ma mère et mon père ont eu et continuent d'avoir une influence positive sur moi. Bien sûr, ils sont des grands-parents exceptionnels pour mes enfants. Ils leur offrent non seulement du soutien et un amour inconditionnel, mais aussi un bel exemple d'intégrité. À mon grand désarroi, par contre, à leur retraite, ils ont dépensé une énorme somme d'argent durement gagnée en voyages vers des destinations exotiques, diminuant ainsi considérablement mon héritage potentiel. Je leur ai fait remarquer que Discovery Channel en haute définition leur permettait aussi de visiter des contrées exotiques, mais ils sont tout de même repartis pour une croisière ou un voyage organisé quelconque. Personne n'est parfait... : mais ils le sont presque ! Alors, pour tout ce qu'ils ont fait pour moi, je dédie ce livre à ma mère et à mon père, et ce, malgré le fait que, après la réussite d'*Un barbier riche*, mon père, à qui on demandait en entrevue s'il craignait que je ne sois l'homme d'un seul succès, a répondu : « C'est déjà un succès de plus que ce qu'on espérait ! »

Suivez les Éditions Logiques sur le Web :
www.edlogiques.com

Cet ouvrage a été composé en Dante MT 11,75 / 14,8
et achevé d'imprimer en octobre 2012 sur les presses
de Marquis imprimeur, Québec, Canada.

certifié   procédé   100% post-   archives   énergie
             sans chlore   consommation   permanentes   biogaz

Imprimé sur du papier 100 % postconsommation,
traité sans chlore, accrédité Éco-Logo et fait à partir de biogaz.